新版

中小企業と経営

基礎の基礎

三石 誠司 ［著］

財経詳報社

新版への序

　2010 年に本書を発刊してから 8 年近くが経とうとしています。この間、本書は現役の中小企業経営者が読みやすい参考書として、あるいは大学で経営学を学ぶ学生のテキストとして、多くの方々に使われてきました。まずはこの点に関して深く感謝致します。

　本書の内容は、可能な限り時代の流れを含めた「時間の試練」に耐えられるように、中小企業経営者が理解しておくべき最低限の「視点」を心がけたつもりです。それでも長年使用するうちに修正をしておきたい箇所が散見されるようになってきました。

　そこで、本書が世に出るきっかけを作って頂いたコンパッソ税理士法人白井輝次代表社員（当時）および筆者の恩師の 1 人でもある大野正道筑波大学名誉教授にご相談したところ、「コンパッソブックス」シリーズとは独立した形で改訂新版を出すことを快諾して頂いた次第です。ご両名のご厚意に対し、あらためて深く感謝したいと思います。

　また、新版の出版に際し、迅速な御対応をして頂いた株式会社財経詳報社の宮本弘明代表取締役社長にもお礼申し上げます。

　本書を通じ、より多くの方が中小企業経営の全体像を把握して頂けることを心より願っています。

平成 30 年 7 月

　　　　　　　　　　　　　　　　　　　　　　　三石　誠司

はしがき

　筆者は、1984年に大学を卒業して以来、22年弱、実社会において様々なビジネスを経験してきました。

　スタートは国内の地場産業・中小企業との極めて小規模な副産物の取引（米ぬかや大豆皮など）から始まり、その後、縁あって国際ビジネスの世界で何万トンもの穀物を動かす仕事、そしてそれに伴う資金調達や貿易決済といった実務、さらには、規模にかかわらず組織というものの中での動き方、意思の伝え方、そして最終的には組織そのものの動かし方といった、抽象性が高く、それでいて実社会においては多くの場面で求められる様々な仕事に従事する機会を得てきました。

　その間、米国のビジネス・スクールに企業派遣という形で2年間留学、また、帰国後は仕事を継続しながら日本の筑波大学大学院において実業に直結した学問、特に経済法や環境法といった法律分野を中心に学んできました。

　振り返ってみればアメリカの大学院を卒業後既に15年近くが過ぎ、そこで学んだ最先端の知識そのものに関する内容の多くが今では陳腐化しているか、日本語でも容易に入手可能となっているかもしれません。しかしながら、ビジネスそのものやそれに伴うリスク、そして我々を取り巻く社会現象全般に対する基本的な「モノの考え方」や「姿勢」といったものの多くは、現在でも、そして企業規模の大小にかかわらず、十分に役立っていると思います。

　むしろ、当時は見えなかった、背景のようなもの、ビジネスを行う上で、最低限理解しておくべき基本的な事項、骨格のようなものがよく見えるようになったのは、かなり時間がたってからのことのような気がしてなりません。

2005 年にハリケーン・カトリーナを経験した後、筆者はそれまで家族とともに 4 年間を過ごしたアメリカ・ルイジアナ州から戻り、22 年間勤めた古巣の全農（全国農業協同組合連合会）を退職しました。親と学校から学ぶ最初の 20 年の後、社会から学ぶ次の 20 年がほぼ一区切りついたという感触があったからです。ハリケーン・カトリーナとその前後の日々は、それまでに身につけてきたあらゆる知識と経験を、あの 1 か月を乗り越えるために集中して発揮したと言ってよいほど、ある意味で充実した日々でした。家族にとってはとんでもない日々だったのでしょうが、それでも、人間の様々な側面を見たという意味で、一生忘れられない経験になったのではないかと思います。

　2006 年 1 月に帰国し、縁あって新設 2 年目の宮城大学食産業学部において経営学（食品企業経営論・戦略論）を講じる身となり、現在に至っています。筆者にとって、今後の 20 年は、育ててくれた社会に恩返しをし、貢献をする期間、これまでの経験や知識をまとめ、人を育てていく時期であると考えていますし、大きな魅力を感じています。

　本書の内容は、学部 2 年生後期の必修講義である食品企業経営論のポイントが中心になっていますが、各所に筆者自身の幼少時からの体験、そして、ハーバード大学や筑波大学で得た様々な視点や示唆を入れ込んであります。社会人未経験の学生にとってはわかりにくくても、実社会で日々、経営を担っている方が読めば、その意味と重さを十分ご理解いただけるのではないかと思い、あえて記させていただいた次第です。

　最後になりますが、本書は、コンパッソ税理士法人および筑波大学大学院時代の恩師であり、わが国における企業承継法の権威である大野正道先生のご好意により、コンパッソブックス No.3 として発刊することができました。この場を借りて厚くお礼を申し上げたいと思います。

平成 22 年 1 月

三石　誠司

目　次

第 1 章　財務諸表の基礎 ･･････････････････････････････････ 2

第 2 章　企業の健康診断 ･･････････････････････････････････ 8

第 3 章　ファイナンスの基礎 ･･････････････････････････････ 16

第 4 章　投資（インベストメント）の基礎 ････････････････････ 22

第 5 章　マーケティングの基礎 ････････････････････････････ 28

　　コラム　ハーバードの記憶 ････････････････････････････ 35

第 6 章　生産管理（オペレーションズ）の基礎 ･･････････････････ 37

第 7 章　組織行動論の基礎 ････････････････････････････････ 44

第 8 章　人的資源管理 ････････････････････････････････････ 51

　　コラム　MBA：2 年目 ････････････････････････････････ 57

第 9 章　戦略論と展望 ････････････････････････････････････ 60

第10 章　数字と遊ぶ ･･････････････････････････････････････ 64

　　コラム　「論理思考」：理論と論理、事実と意見 ･･････････････ 68

第11 章　シナリオを描く ･･････････････････････････････････ 71

　　コラム　成功する戦略の共通要素—「おわりに」にかえて— ･･････ 78

第1章　財務諸表の基礎

　三菱東京 UFJ ファイナンシャルグループの資本金は 2 兆 1,415 億円、みずほフィナンシャルグループは 2 兆 2,562 億円、三井住友銀行は 1 兆 7,709 億円です（いずれも 2018 年 3 月 31 日時点）。それでは、日本銀行の資本金はいくらでしょうか？　100 兆円？　1,000 兆円？　答えは 1 億円です。日本銀行は毎年 5 月末に業務概況書を公開していますが、その中には平成 9 年 6 月に公布された日本銀行法に基づき資本金が 1 億円である旨が記されています。日本銀行の資本金が 1 億円になったのは昭和 17 年 2 月交付の旧日本銀行法からです。気を付けてみると会社の数字は意外に面白いものです。

　さて、本章では財務諸表（フィナンシャル・ステートメント）の大枠と、そこに現れる利益というものを見ていきましょう。上に記した資本金は、財務諸表の中、正確に言えば貸借対照表の資本の部に記されている項目です。財務諸表には貸借対照表（バランス・シート、以下「BS」）、損益計算書（インカム・ステートメント、以下「PL」）、そして資金収支表（キャッシュ・フロー表、以下「CF」）の 3 つがあります。

1　バランス・シート（BS）

　企業経営における分析を行う場合、最も簡単で最も重要な公式はたったひとつです。

> **資産**（Assets）＝**負債**（Liabilities）＋**資本**（Equity）

　これが全てです。世界中、どこに行っても企業のバランス・シートの基本はこれだけです。左辺は運用、右辺は調達を表しています。ここで、

第1章　財務諸表の基礎

いくつかの基本的な用語を記しておきましょう。**流動資産**とは1年以内に現金化される資産、**固定資産**とは長期間（1年を越えて）保有する目的の資産、**繰延資産**とはその効果が当該会計年度を越えて長期にわたるものです。同様に、**流動負債**は1年以内に返済の必要がある負債、**固定負債**は長期（1年を越えて）返済可能な負債です。また、**資本金**は株主から集めた出資金のことであり、**剰余金**は会社の利益の累積のことです。

　もちろん、バランス・シートに現れる項目はこれ以外にも数多くありますが、大枠をつかむためにはこの程度の項目をしっかりと認識しておけば十分でしょう。各々の項目の関係をどのように考慮するかについては、次章で取り上げることとし、本章ではまず、バランス・シートというものの大枠だけを理解していただければと思います。

　多くの数字が並んでいてわかりにくい場合には、上に述べたような**大項目ごとに、全体に占める割合をパーセントで表し、その割合に応じた図を自分で紙に書いてみることです。**そうすることによって、非日常的な何桁もの数字の羅列が、全体の中でどのようなウエイトを持っているのかが良く見えるようになります。まずは、これを実行してみてください。

2　インカム・ステートメント（PL）

　PLの基本は、売上高とその原価があり、売上高から原価を引いたものが利益という簡単なものです。ただし、ここでは、「**5つの利益**」ということを強調しておきましょう。現在、日本で用いられている基本様式においては、利益は5つ存在します。**売上総利益、営業利益、経常利益、税引前当期利益、**そして**当期純利益**です。次頁に簡単な例を示しておきましょう。これは売上高が100万円の、ある企業のPLの例です。

　利益1に相当する**売上総利益**のことを粗利（アラリ）あるいはグロス・マージンと呼びます。これは利益の最も基本部分であり、これが低ければ話になりません。また、売上総利益は、業界ごとや企業ごとに大きく

3

	売上高	1,000,000 円
	売上原価	700,000 円
利益1	売上総利益	300,000 円
	販売・一般管理費	200,000 円
利益2	営業利益	100,000 円
	営業外損益	30,000 円
利益3	経常利益	130,000 円
	特別損益	50,000 円
利益4	税引前当期利益	180,000 円
	法人税等（仮に40%）	72,000 円
利益5	当期純利益	108,000 円

異なっています。

　例えば、2017年のセブン・イレブン・ジャパンでは売上高1,005億円に対し、売上原価721億円で売上総利益率は28%ですが、加盟店からの収入を含めた売上総収入は8,499億円ですので、これを考慮すると実際は92%と見てよいかもしれません。花王は売上高1兆4,894億円に対し、売上原価は8,341億円で、売上総利益率は44%です。これに対し、日本を代表するトヨタ自動社は、売上高29兆円を超えていますが、売上原価も22兆円を超え、売上総利益率は19%です。総合建設会社などの売上総利益率は15%程度です。

　さて、やや古い話ですが、アメリカにおいても1978年から1996年の間に、数多くの産業グループ間で、どの程度の平均収益率の差があったかという興味深い研究があります。これによると、平均収益率が高かった産業は、トイレタリー、化粧品、製薬、清涼飲料、タバコ、加工食品、家庭用品といった分野であり、逆に平均収益率が低かった産業は、鉄鋼、航空、紙・パルプ、コンピューター、機械、タイヤといった分野でした。細かい部分においては日本と異なるところもありますが、大きな流れで見た場合、これは非常に興味深い結果となっています。一般的にはいわ

第1章　財務諸表の基礎

ゆる製造業の利益率は低いということは変わらないようです。

　利益2は一般に**営業利益**と呼ばれています。これはその企業が「本業」でいくら稼いでいるかを示しており、利益3は**経常利益**です。営業利益に本業以外で発生した収支（利息・配当金等）を加減したものです。全体から見れば、どのような企業であっても本業とそうでない部分があり、そうでない部分も収益に対して一定の影響を及ぼしている以上、企業全体の収益力を見るためには良い指標であることは確かでしょう。

　ただし、この2つの利益は、個別企業の置かれた状況に応じて、その内容をしっかりと理解しなければ企業の本当の姿は見えてきません。例えば、スタートアップ企業のようなケースでは、本業は順調であっても、大量の負債の返済に追われていることがよくあります。その場合、営業利益は良くても、金利支払いが多く、経常利益が圧迫されています。こうした企業にとって金利上昇は大きな懸念材料となるでしょう。逆に、営業利益がそれほど良くないにもかかわらず、経常利益が意外に良い企業もあります。こうした企業は、実は本業以外でしっかりと収益源を確保している成熟産業に属する企業に多いと思われます。

　アメリカ型の企業分析の多くは、どちらかというと本業の収益力である営業利益を重視し、日本型の経営分析では経常利益に重きを置いていた節がありますが、これら2つはやはり相互関連性をしっかりと読み解くべきです。

　利益3の経常利益と利益4の**税引前当期利益**の間には、特別損益があります。これは教科書どおりに言えば、経常利益に本来の事業とは関係のない収支を加減したものですが、実は特別損益の金額が大きいと、最終的な決算に大きな影響を与えることになります。

　そして、最後の利益5が**当期純利益**です。これこそが企業の最終的な利益です。次章で述べるように、実は当期純利益は投資家の視点から見た場合、重要な役割を果たしますが、ここではあくまでも5つの利益の最終段階という形で留意していただければと思います。

5

3 キャッシュ・フロー表（CF）

　どんなに複雑に見えるキャッシュ・フロー表もその基本は3つ、すなわち、**①事業活動に伴うキャッシュ・フロー、②投資活動に伴うキャッシュ・フロー、そして③財務活動に伴うキャッシュ・フロー**です。簡単に言えば、①が事業でどれだけキャッシュを生み出したか、②はどれだけのキャッシュを投資に使ったか、そして、③でどれだけのキャッシュを借入等により調達したか、ということです。

　キャッシュ・フロー表は、BS や PL で示されてはいない企業活動の現実、つまり手元のキャッシュの動きを示しています。「勘定合って銭足らず」というのは昔からよく言われてきましたが、それは現代の企業経営でも全く同じです。売上債権は、代金を回収しない限り、手元にキャッシュは存在しません。一方で、製品を作るための原材料の代金支払いは、最終製品が売れようが売れまいが必要であるため、手元のキャッシュはどんどん少なくなります（キャッシュ・アウトフロー）。

　これに対し、キャッシュ・インフローを増やすには、製品を販売してその代金を回収するか、金融機関等から借入を行うか、自分自身の手持ち資金を活用するしかありません。会計年度の終わりで「勘定は合った」としても、日々の仕事では厳格な資金管理が必要であり、これがキャッシュ・フロー管理そのものということになります。

　キャッシュ・フロー管理は、昔の言葉で言えば「日銭管理」です。中小企業の経営者であれば、はるか昔から体験を通じて十分にわかっていたであろうことを、実は給与生活者の時間が長かった雇われのサラリーマン経営者は、なかなか感覚的に理解できないことが多いと思います。

　欧米のビジネス・スクールなどでも一時期盛んにキャッシュ・フロー経営が持てはやされました。この背景として、実は、デリバティブなどの複雑な金融商品のリスク管理以前に、大企業のサラリーマン上がりの

第1章　財務諸表の基礎

重役ほど、最も根本的な日銭管理の基本がわかっていないことが多かっ
たと言ったら言い過ぎでしょうか。筆者にはどうしても、そのように思
えて仕方がありません。

4　決算：連結と非連結

　本章の最後に、連結決算について簡単にコメントしておきましょう。
企業が一会計年度の経営状況や財務状況についてまとめるための一連の
計算手続きを決算と言います。また、ある企業にとって、子会社や関連
会社等の業績についても株式保有比率等に応じて集計・反映した決算の
ことを連結決算と言います。通常、子会社や関連会社の業績は、「持分法」
という会計手続きにより連結財務諸表に反映されます。
　ここで問題になるのが連結となる会社の範囲です。かつては親会社に
よる株式取得割合に応じ連結すべき子会社および関連会社を区別してい
ました。しかし、最近の企業をめぐる状況は複雑になり、単純な持株比
率等だけでは子会社・関連会社に対する影響力の程度を測る方法として
は十分ではありません。この結果、平成20年12月に改正された「財務
諸表等の用語、様式及び作成方法に関する規則（通称：財務諸表規則）」
第8条第4項では、「他の会社等の意思決定機関を支配している会社等」
とは、①他の会社等の議決権の過半数を自己の計算において所有してい
る会社等、②他の会社等の議決権の40％以上50％以下を所有しており、
当該会社に対する役員等の派遣、融資、技術提供、営業上・事業上の取
引、その他重要な影響を与えることが推測できるような事実の存在、があ
ることをもって実質的に支配していると考えるとの内容を定めています。
　つまり、**現在のわが国では、親会社の議決権付株式の取得比率**だけで
**なく、実質的な支配がどのような形で行われているかをもって判断基準
としている**ということを経営者はしっかりと認識しておく必要があると
いうことです。

第2章　企業の健康診断

1　そもそも何を求めるか？

　毎年健康診断をしている人ならば、結果のどこを見れば良いかがすぐにわかるかと思います。若いときは身長や体重などに関心があっても、年をとるに従い、肝機能や血糖値といったより具体的項目に関心が移っていくのではないでしょうか。実は、企業の健康診断もよく似ています。社名や具体的商品などに関心がある段階から、より深く、当該企業の中身、とくにその財務状況などに関心を持つようになれば経営者への道を一歩踏み出したことになると言えるかもしれません。

　さて、健康診断の例ではありませんが、そもそも我々は企業に何を求めているのでしょうか？　もちろん立場により異なりますが、ここでは最も基本的なものとして、大きく3つの視点、考え方を掲げておきましょう。それは、**収益性**、**安定性**、そして**成長性**です。最近では、社会的責任をこれに加える議論も多いようですが、ここではこの3つを基本に見ていくこととします。

　例えば、就職を控えた学生、中小企業の経営者、さらには特定企業の従業員、いずれにとっても、まず、対象となる企業は収益を確保していなければなりません。そして、企業である以上、最悪の場合には倒産は免れないとしても、やはり安定性や成長性を求めるのは当然のことです。この3つを企業の健康診断の最も基本的な指標あるいは財務諸表の基本的な「切り口」とした上で、以下では順次、どのような形で各々を活用するかを見ていくこととしましょう。

8

2 収益性

　収益性とは、一言で言えば、**企業が「本業で」利益を上げているかど
うか**です。「本業で」というところがポイントです。仮に「本業」以外
で利益を上げていたとしても、それは長続きしない一時的な場合が多い
はずです。したがって、企業の収益性は基本的に「本業」の利益の有無
や大小で判断すべきです。第1章で述べたように、通常、「本業」の利
益とは営業利益を示しています。

　次に、その利益が十分かどうか、利益が高い場合、あるいは低い場合
にその理由は何か、そして、最後にその利益がどのように使われている
か、これらを全て見ていく必要があります。

　例えば、売上高と利益が全く同じ2つの企業（売上高利益率が同じ場
合）でも、各々の企業の総資産が異なれば総資産の回転率つまり効率性
は異なります。100万円の売上高で10万円の利益がある2つの会社は、
売上高利益率という意味では同じ10％ですが、総資産が20万円と50
万円の場合、前者は総資産が5回回転していますが、後者は2回であり、
後者の方が総資産の回転率が悪いということになります。

　先に企業の健康診断という表現を用いましたが、中小企業の経営者に
とってみれば、利益率が同じであれば、自分の会社の資産が効率よく回
転していることが何よりのはずです。

　つまり、収益性を見るとは、単に利益率だけを見るのではなく、当該
企業の資産がいかに効率的に使われているかを判断することに他なりま
せん。こうした視点から企業を判断するための最も基本的な指標が**総資
本（総資産）利益率（ROA：Return on Assets）**です。通常、総資産を
もって総資本とするため概要を把握するためにはどちらでも構いません。
以下、本書では ROA と記します。

　ROA は、単純に言えば利益を総資産で割り100を掛けたものですが、

これは売上高利益率と総資本回転率という2つの要素に分解されます。つまり、

$$総資本（総資産）利益率＝利益÷総資産 \quad\cdots\cdots\quad ①$$
$$＝売上高利益率×総資産回転率 \quad\cdots\cdots\quad ②$$
$$＝\frac{利益}{売上高}×\frac{売上高}{総資産} \quad\cdots\cdots\quad ③$$

ということになります。①は②に分解されますが、②はさらに③に分解され、③の式の分母と分子に同じ売上高があることから、結局①と③は同じになります。ROAは、企業に投下された資本が、どれだけの利益を上げているかを見る指標であり、**経営者の視点から最も重視すべき指標**のひとつです。

　そして、このROAを高めるには、②の式で示されているように、売上高利益率を高めるか、あるいは総資産回転率つまり効率性を高めることが必要です。問題は、収益性と効率性の関係は多くの場合、片方を高めれば片方が低くなるというトレードオフの関係が存在することです。こうした場合には、企業全体の戦略の中でどちらを優先するかという別の次元での判断が必要となることは言うまでもありません。

　収益性を見るためのもうひとつの重要な指標が**株主資本利益率（ROE：Return on Equity）**です。ROAが経営者の視点からの代表的指標とすれば、**ROEは投資家の視点から重視すべき指標**です。ROEの計算式は、ここでは「当期純利益÷自己資本」という形を記しておきましょう。

　その理由は、投資家にとって自分が投資した金額から一定のリターンを得る場合、税金その他の全ての必要な費用を控除した「最終的に使える金額」こそ、最も高い関心事項だからです。この点を押さえてさえおけば、ROEの分子は何にすべきかというような議論に対し、常に一定の確固たる座標軸を示すことができます。さて、ROEの計算式ですが、先ほどのROAとの関係で、以下のように展開が可能です。

第2章　企業の健康診断

$$\text{ROE} = 当期純利益 \div 自己資本 \quad \cdots\cdots ④$$

$$= \underbrace{\frac{当期純利益}{売上高}}_{A} \times \underbrace{\frac{売上高}{総資産}}_{B} \times \underbrace{\frac{総資産}{自己資本}}_{C} \quad \cdots\cdots ⑤$$

　ここで、前出③のROAの計算式のうち、利益を当期純利益とすれば、A×B×Cという形になっている⑤式の中でA×Bの部分は③式と同じであることがわかると思います。Cの部分は負債がどの程度活用されているかを示しており**財務レバレッジ**と言われています。

3　安定性

　企業の健康診断においては安定性も重要な要素です。安定性を見るために最も重要な指標として、ここでは「**健全なバランス・シート**」という表現を使っておきましょう。健全なバランス・シートとは、教科書的に言えば、自己資本が充実しているかどうか、固定資産の調達資金は何か、有利子負債の水準は適正かどうかといったことなどをひとつひとつ見ていかなければなりませんが、ここではイメージを用いて健全なバランス・シートを見抜く簡単な方法を記しておきましょう。

　一言で言えば、バランス・シートの左側にある流動資産の項が、右側の流動負債や固定負債の項よりも大きくなっているかどうか、つまり左下がりの状態になっているかどうかです。

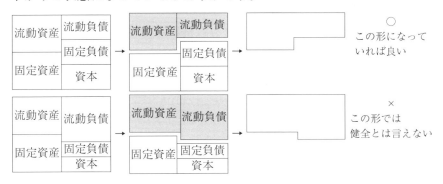

11

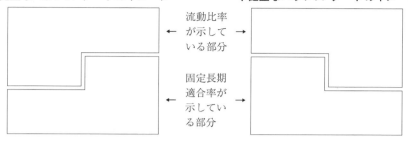

　ここでいくつかの指標を理解しておく必要があります。まず、**流動比率**。これは「流動資産÷流動負債×100」という式で表され、短期的な支払能力を示す指標です。通常150％程度が目安とされています。つまり、すぐに返さなければならない借金が10万円あっても、手元に15万円程度あれば何とかなるといった感触と考えていただければわかりやすいでしょう。手元に8万円しかなければ返済はできないし、11万円では残りが1万円になってしまいます。

　次に固定比率。これは「固定資産÷自己資本×100」という式で表され、固定資産が何によってまかなわれているかを示しています。車や工場の設備等の固定資産は、可能であれば自己資本で調達するのが最善でしょう。そうなれば、固定比率は当然100より小さくなければなりませんが、現実には他人資本、つまり借金によりまかなわれている例も多いと思います。健康診断における理想と現実とのバランスが必要になる点と言えるかもしれません。

　実際、固定比率が100を下回っている企業は極めて少ないはずです。ではどうバランスさせているのでしょうか。ここで、いわば"妥協の"**固定長期適合率**、つまり固定資産を「固定負債＋自己資本」で割ったものに100を掛けた指標が登場することになります。現実の企業経営においては、返済期間が1年を超える固定負債はほぼ自己資本と同様に余裕をもって活用できます。したがって、固定長期適合率を100より下にしておけば大丈夫ということになります。

第2章 企業の健康診断

　勘の良い方であれば、流動比率と固定長期適合率はバランス・シート
のイメージの中では「くの字」と「逆くの字」形にパズルのように組み
合わさっていることに気がつかれるでしょう。そう。これがまさにバラ
ンス・シートをイメージでとらえるということなのです。健全なバラン
ス・シートの形をよく頭の中に叩き込んでおいてください。

　なお、企業の安定性を見るための指標には、この他に、**回転期間**
（Turnover）を表すものがあります。これは、**売上債権、支払債務**、そ
して**棚卸資産**の各々について計算が可能です。回転期間は、例えば、売
上債権回転率とは「売上債権÷売上債権売上」という意味ですが、実務
上は日数で表現する方がしっくりきます。つまり、

　売上債権回転期間（回転日数）＝　売上債権　÷（売上高÷365）

という式になります。支払債務回転期間（回転日数）と棚卸資産回転
期間（回転日数）も同様ですが、この2つの場合、右辺のカッコの中は
売上高の代わりに売上原価を使用することになります。したがって、

　支払債務回転期間（回転日数）＝　支払債務　÷（売上原価÷365）
　棚卸資産回転期間（回転日数）＝　棚卸資産　÷（売上原価÷365）

という計算式になります。これら3つはセットにして覚えておくと良
いでしょう。

　また、これらの指標は、いずれも単年度だけで見るのではなく、何年
かにわたる推移・傾向を見ることが必要です。

　そして、**売上債権回転期間**であれば、同業他社との比較とともに、回
転期間が長くなった場合には、販売業績の低下や回収条件の変更、押込
販売や回収不能債権の存在、さらには架空計上の可能性といったことも
考えてみる必要があります。**支払債務回転期間**については、一般的に長
い方が良いことは間違いないですが、それでも資金繰りの悪化や下請け
や仕入れ先に無理強いをしているかどうか、また支払手形の乱発といっ
た可能性もチェックすべきでしょう。**棚卸資産回転期間**が増加した場合
には、売れ残りや在庫の積み増し、さらに在庫管理そのものが適性に行

13

われているかどうかも検討すべきです。

　いずれの場合にも、期間が短くなった場合には、今まで述べてきたことの逆のケースを想定し、なぜそうなっているのかについて原因を突き止めなければなりません。そして、売上が増えれば、運転資金（「流動資産－流動負債」、あるいは「売上債権＋在庫－支払債務」）が増える、つまり資金需要も増加するという基本をしっかりと理解しておくことが重要です。

4　成長性

　成長性は、売上高の伸びなどを中心に、最もよく使われている指標であるため、本稿ではごく簡単に記述するにとどめます。ポイントは、**時系列かつ中長期において業界他社との比較を行うことが重要**であるという点につきます。業界や同業他社が10％成長しているときの5％成長は、やはり自社に何か遅れている原因があるはずですし、他社がマイナス成長のときの2％成長はそれだけでも十分価値があります。

　さらに、複数年次における複利計算の手法を用いた平均成長率（C.A.G.R.：Compound Annual Growth Rate）なども、最近ではパソコンや関数電卓などで極めて簡単に計算できるようになっているため、様々な場面で活用されていることを付け加えておきます。

　この章の最後に、もう一度、「企業に何を求めるか」ということを考えておきましょう。

　これは、突き詰めれば一人ひとりの経営者や従業員の人生観につながる問いとなります。どのような高邁な理念や目標を定めても、倒産し、組織や企業が存続できなければ話になりません。また、利益を上げさえすれば何をしても良いということではないことも明らかです。現実はいかにバランスを取って経営をしていくか、たとえて言えば、丸いボール

第 2 章　企業の健康診断

をいろいろな角度から見て全体を把握するということが必要になります。

　収益性、安定性、成長性、少なくとも経営者は、常にこの 3 つのレンズを通して自らが経営する企業を見ていく習慣をつけておきたいものです。どれかひとつのレンズだけでは、やはりどこかに見落とす要素が出てきてしまいます。

第3章　ファイナンスの基礎

　企業のファイナンス（資金調達）というと、何やら難しいことのように聞こえるかもしれませんが、我々の毎日の生活にも深く関係しています。例えば以下のような事例を考えてみてください。

　・定年まで続けて勤めるか、10年程度を残して退職して起業するかの判断に迷っている。その場合、生涯賃金をどのように見積もったらよいだろうか。
　・自宅の増築のための資金調達をどうすべきか。
　・自営業の場合、日々の支払いや代金回収などをどう管理し、いかに効率的に実施していくべきだろうか。

　これらは全て、「**投資の意思決定**」ということに関連しています。特に、長期資金の調達と短期資金あるいは運転資金の調達、それぞれの管理ということに深く関係しています。

1　会計上の利益と手元のキャッシュ

　企業の資金管理の中で最も気をつけなければいけない点は、利益と手元の現金（キャッシュ）との違いであることは既に述べました。利益は収益から費用を引いたものですが、キャッシュ・フローは収入から支出を引いたものと考えられます。損益計算書（PL）上は、売上総利益に始まる5つの利益がしっかりと記されていても、手元にキャッシュがないということがよくあります。会計上の利益とキャッシュ・フローの違い、まず、これをしっかり理解しておきましょう。

　ここに、A社とB社というPL上は全く同じ内容を持った2つの会社が存在するとします。いずれも売上高は100万円、当期純利益は3万円

第3章　ファイナンスの基礎

となっています。ところが、A社は仕入れは現金、販売は掛売り、B社はその逆で仕入れは掛けで、販売は現金であったとします。その結果、両社の売上高と当期純利益が同じであっても、次表のように、手元のキャッシュには大きな差が出てくることになります。

	A社	B社		A社	B社
売上高	100	100	当期純利益	3	3
売上原価	80	80	売掛金	▲50	0
売上総利益	20	20	買掛金	0	▲50
販売・一般管理費	10	10	キャッシュ	▲47	53
営業利益	10	10			（単位：万円）
営業外損益	▲5	▲5			
経常利益	5	5			
法人税等	▲2	▲2			
当期純利益	3	3			

　もちろん、B社の手元にある53万円のうち、50万円はいずれ支払わなければならないお金ですし、A社が▲47万円となっていても、販売代金が全て回収されれば最終的には手元に3万円の利益が残ることになります。問題は、「そうはいっても……」という点です。企業活動は日々行われており、毎日それなりのお金が動きます。PLに表示された3万円は確かに当期純利益としては正しいのですが、とりあえず手元にキャッシュが全くなければ従業員に当座の給料すら支払うことはできません。

　よく言われているキャッシュ・フロー経営の本質とは、こうした会計上の利益と手元のキャッシュとの違いをしっかりと理解して適切な資金管理を行うことに尽きるといえます。いくら、沢山の売上げがあっても、販売代金の回収が何か月も先になってしまえば、企業は継続することができません。実はこうした形で最終的には利益が出るはずであっても、「資金が回らなくなって」倒産する企業は世界中に数多く存在します。これを「黒字倒産」といいます。

　なお、参考までに記しておけば、一般的によく使われている「倒産」

17

という言葉は、厳密な意味では法律用語ではありません。

　民間調査機関である帝国データバンクの資料によれば、2017年1〜12月における負債額1,000万円以上の大型倒産件数は8,376件、負債総額は1兆5,551億3,300万円に達しています。月平均では700件以上の倒産があることとなり、これは2009年以来、8年振りの前年比増加とのことです。要因別には約8割が販売不振による「不況型倒産」ですが、それ以外にも、「人手不足倒産」などが増加しており、深刻な経営課題になりつつあります。

　個々のケースにより正確な理由は異なるとは思いますが、倒産企業の中には、資金繰りさえうまくいっていれば、十分に存続できただけでなく、利益も確保可能であったというような企業が数多くあったのではないかと思われます。その意味でも、キャッシュの管理、そしてお金というものに対し、より冷静かつ客観的な視点を持つことが求められています。

　さて、ハーバード大学に代表されるような欧米のビジネス・スクールでは、「お金の時間的価値」というものを徹底的に学びます。次にこれを簡単に見ていきましょう。

2　お金の時間的価値

　「現在手元にある1万円と、1年後にもらえるはずの1万円ではその価値が異なる」、これがお金の時間的価値の最も重要な基本です。これを頭ではなく身体で理解することがいかに難しいか、そして、人間の思考というものが、いかにわかりやすい方向のみに働くものかということを見ていきましょう。専門用語として、**将来価値**、**現在価値**、**割引率**、そして**正味現在価値**の4つの言葉をまず、頭に入れてください。そして、若干の抽象的な思考にも慣れてみましょう。

　元本1万円、利息を10%とすると、1年後に受け取れる金額はいくら

でしょうか。

　　10,000 円×(1 + 0.1) = 11,000 円

となります。

　では、元本 A1 円、利息 R の場合、1 年後に受け取れる金額はいくら
でしょうか。

　　A1 ×(1 + R) = A2……①

という式が作れると思います。ここで、A2 を A1 の**将来価値**（FV：
Future Value）と呼ぶこととします。さて、①の答えである A2 は 1 年
後の結果ですが、1 年後の将来から現在、つまり A1 を見るとどうなる
でしょうか。つまり、A2 の**現在価値**（PV：Present Value）というこ
とになります。これは①の式を A1 = ……という形に変形することで求
められます。

　　A1 = A2 ÷(1 + R) ……②

　実際の数字で考えてみましょう。元本 1 万円、金利 10％のとき、1 年
後に受け取れる金額、つまり FV はいくらでしょうか。10,000 円×(1+0.1)
= 11,000 円ですね。これはほとんどの人が暗算でできるかと思います。
それでは、1 年後の将来価値が 1 万円、金利が 10％のときの現在価値（PV）
はいくらでしょうか？　9,000 円ではありません。現在の 9,000 円の FV
は 9,900 円です。②の算式を使って答えを求めると、9,091 円となります。

　実は、これが**割引キャッシュ・フロー**（DCF：Discounted Cash
Flow）と呼ばれるお金の時間的価値の考え方です。聞き慣れた表現で
言えば、「複利計算の逆」とでも言いましょうか。

	複利計算の概念		割引計算の概念：複利計算の逆	
1 年後	10,000 円× 1.1 =	11,000 円	9,091 円× 1.1	≒ 10,000 円
2 年後	11,000 円× 1.1 =	12,100 円	8,265 円× 1.1 × 1.1	≒ 10,000 円
3 年後	12,100 円× 1.1 =	13,310 円	7,514 円× 1.1 × 1.1 × 1.1	≒ 10,000 円
	（現在価値）	（将来価値）	（現在価値）	（将来価値）

　人間の頭というのは不思議なもので、累乗の計算はそれなりに何とか
当たりをつけられても、逆の計算になると多くの場合、動きが止まって

しまいます。ある数に同じ数を3回掛けたときに10,000になる元の数字など即座に答えられる人はほとんどいないと思います。それでも、心配することはありません。最近ではパソコンのワークシート（エクセル等）や金融電卓で答えはすぐにわかります。では、こうした計算が実際の経営にどのように役立つのでしょうか。それを見ていきましょう。

例えば、今後10年間、毎年100万円の利益が出るプロジェクトがあったとします。そして、今後10年間の平均インフレ率が5%であったとすると、このプロジェクトが出す本当の利益はいくらになるでしょうか。これまでの話を読まれた方であれば、100万円×10年＝1,000万円……ではないことだけは、おわかりになったのではないかと思います。

そう、1年後の100万円（の利益）は、PVに直すと95万円でしかありません。同様に2年後の100万円は91万円、3年後は86万円、……10年後になると、わずか61万円になってしまいます。10年間というプロジェクトの全期間を通じ、名目上は1,000万円の利益を上げたのですが、平均のインフレ率を5%とした場合には、割引計算で算出した各年の利益のPVを全て合算しなければ本当の利益は見えてきません。実際に計算をすると以下のような数字が出てきます。

		5%	10%
1年後	1,000,000	0.95238	0.90909
2年後	1,000,000	0.90703	0.82645
3年後	1,000,000	0.86384	0.75131
4年後	1,000,000	0.82270	0.68301
5年後	1,000,000	0.78353	0.62092
6年後	1,000,000	0.74622	0.56447
7年後	1,000,000	0.71068	0.51316
8年後	1,000,000	0.67684	0.46651
9年後	1,000,000	0.64461	0.42410
10年後	1,000,000	0.61391	0.38554
合計	10,000,000	7,721,735	？？？

第3章　ファイナンスの基礎

　名目上1,000万円の利益があっても、10年間の平均インフレ率が5%の場合には、将来の利益を全て現在価値に引き直す（これを割引くと言い、この場合の5%を割引率と言います）と、772万円にしかなりません。計算方法は各年の100万円を右側の数字と掛け、最後に合計するだけですので簡単にできると思います。10%の場合には、名目上の1,000万円の現在価値はいくらになるでしょうか。計算してみてください（答えは約614万円です）。

　さて、このプロジェクトを始めるにあたり初期投資が800万円必要であったとしましょう。名目上の利益だけを見ていれば1,000万円 − 800万円 = 200万円の利益が出ることになりますが、今までの話を理解していれば、772万円 − 800万円 = ▲28万円ということがわかるかと思います。もちろん実際には、各年での追加投資が必要になったり、10年後に使用済みの施設を売却したりと様々な要素が入ってきますので、毎年100万円といった形できれいな数字が出てくることはありません。それでも、投資の意思決定における「モノの考え方」、つまり「お金の時間的価値」がいかに重要かということはご理解いただけたのではないかと思います。

　実際、今でこそ世界中がゼロ金利の時代ですが、少し前まではゼロ金利など日本だけでした。もうわかりますね。ゼロ金利の日本でお金を借りて、高金利の国で運用する、これを「円キャリートレード」と言い、こうしたことを世界中の金融機関や投資マインドのある人達がこぞって実施していたわけです。

21

第4章 投資（インベストメント）の基礎

第3章では「お金の時間的価値」ということを考えてみました。現在の1万円と1年後の1万円の価値の違いを、もう一度思い出してみてください。その上で、本章ではお金に関する意識をもう少し発展させ、「**投資（investment）**」という視点から考えてみましょう。

余談ですが、日本語では「投資」と似たような言葉に「投機」という言葉があります。投資を行う人はインベスター（investor）ですが、投機を行う人はスペキュレーター（speculator）と言い、何やら胡散臭い感じがするかもしれません。

しかし、論より証拠、お手元の英和辞典で「投機する」という単語、つまりspeculateという単語を見ていただければおわかりのとおり、ほとんどの辞書で最初に記されている意味は「（沈思）熟考する」というものです。株や土地などに投機する、ヤマを張るといった意味は、2番目の意味であることがわかるかと思います。

何を言いたいのかというと、英語の世界では投資や投機はいずれも、カンに頼って行うものではなく、しっかりと論理的に考えて行うもの、それなりに考えることができる人間が、頭を絞って行う知的な格闘技であるということです。では、投資というものをいかに考えるかという点を中心に見ていきましょう。

1 投資の評価

よく使われている投資の評価方法には、**収益性指標**（PI：Profitability Index）、**正味現在価値**（NPV：Net Present Value）、**内部収益率**（IRR：Internal Rate of Return）の3つがあります。最初に、収益性指標（PI）

について、以下の事例を考えてみましょう。

5,000万円の機械を購入するとします。この機械がもたらす毎年の収益は800万円、寿命は10年のため、10年後に使い古した機械を700万円で売却するとします。そして、この10年間の平均インフレ率を10%としておきましょう。さて、この投資をどう評価したらよいでしょうか。時間と収益の流れは以下のとおりになります。CFはキャッシュ・フローとします。

年	0	1	2	・・・・	8	9	10
CF	▲5,000	800	800	・・・・	800	800	1,500（800+700）

公式は以下のとおりです。

$$PI = \left(\begin{array}{c}\text{キャッシュ・インフロー}\\\text{の現在価値}\end{array}\right) \div \left(\begin{array}{c}\text{キャッシュ・アウトフロー}\\\text{の現在価値}\end{array}\right)$$

ここで、もし「PI ＞ 1」ならばその投資はOK、「PI ＜ 1」ならばその投資は損をするという判断になります。具体的な計算に2つの方法があります。第1は、第3章19ページに記した表の中で10%で割り引いた各年の係数（1年後であれば0.90909）を各年のCFに掛けて合計を求めるもの。第2は基本は同じですが、もっと簡単な方法です。0.90909から9年後の0.42410までを足すと合計は5.75902になります。各年のCFが同じ800万円ですので、

800万円 × 5.75902 ＋ 1,500万円 × 0.38554 ＝ 5,185万5,260円

となります。基本は第1の方法ですが、CFが同じ場合にはこうした簡易な方法も覚えておくと時間が節約できるでしょう。そして、10年後の投資額が5,000万円ですので、

5,185万円 ÷ 5,000万円 ＝ 1.04

となり、この投資は意味があるということになるわけです。

この考え方をもう少し発展させたものが**正味現在価値（NPV）**というものです。計算方法は全く同じで、5,185万円という数字を出した後、初期投資額、つまり▲5,000万円と合算することにより、NPV＝185万

円という答えが出てきます。要は、5,000万円投資した結果、10年間で得る全ての収益を現在価値に直してみると5,185万円になるため、差引き185万円が得られるということです。

　実際の仕事においては、こうした形で、最初にいくらかの投資をし、後に一定の収益が上がるということがほとんどです。場合によっては、追加投資が必要になることもあります。その場合には、当該年度の予想収益からその年に予想される追加投資分を差し引いたものが予想収益となるわけです。

　NPVの計算は、金融電卓でもできますし、エクセルなどの関数を使えば簡単に答えが出てきます。ここまで簡単にできるのかと思うほどですので、是非、試してみてください。

　ここで次の指標の解説に行く前に、ひとつだけ重要な点を補足しておきます。NPVの計算で最も重要なものは**割引率**（DR：Discount Rate）です。これまでの計算では、わかりやすくするためにインフレ率という言葉を用いていましたが、本当の割引率は単なるインフレ率とイコールではありません。「適正な割引率とは何か」というテーマは実に奥が深く、それを議論するだけで何本もの論文が書けるほどです。

　実務的によく用いられるのは、アメリカでは財務省証券（10年物）の利率です。あまり長くても意味がありませんし、かといって、定期預金金利をそのまま用いていては、マーケットそのものが抱えるリスクのようなものが除外されてしまいます。その結果、10年の長期金利の利率がよく使われますが、これとて絶対的なものではありません。例えば、先の事例で、割引率を5％にすればPVは約6,607万円、12％にすればPVは約4,746万円という形で、評価結果そのものが全く異なってしまいます。

　言い換えれば、ある特定の投資案件を認めたくない場合には、様々なリスクを織り込んで、高い割引率を用いれば用いるほど、NPVが小さくなり、投資の魅力はなくなるということになります。実際の意思決定

24

第4章　投資（インベストメント）の基礎

の場においては、こうしたこともかなり起こっているのではないでしょうか。これは純粋な定量的分析というよりも組織行動論のような部類に含まれるかもしれません。実は、ハーバードのようなビジネス・スクールでも、最初のうちこうした定量的な分析手法に多くの学生の関心が集まりますが、最終的には、経営者はどちらか一方だけでなく、定量・定性両方の分析手法を身につけないと良質な判断はできないということが自然にわかってきます。

ところで、先の事例で言えば、割引率が何％のときにこの投資はチャラ（プラスマイナスゼロ）になるのでしょうか。これまでわかったことから言えば、概ね 10％から 12％の間ということになります。

割引率	現在価値
5%	6,607 万円
10%	5,185 万円
？　➡	≒ 5,000 万円
12%	4,746 万円

言い換えれば、**NPV＝0 となるような割引率**、これは何％なのでしょうか。この割引率のことを**内部収益率（IRR）**と呼びます。実務上は、投資に関する内部ルールとして、例えば、「新規投資はIRRが○○％以上」といった規則を定めている組織も多くあります。その理由は「IRR ○○％以上」と決めた方が、圧倒的に審査が楽だからです。

例えば、エクセルのような表計算ソフトでは、IRR 関数「＝ IRR（範囲 A1：A10)」や NPV 関数「＝ NPV（割引率、A1：A10)」といった形で極めて簡単に NPV＝ 0 となる割引率を求めることができます。ちなみに、先の例を求めると IRR ＝ 10.81％となります。ここで **IRR が想定した割引率よりも大きい場合、つまり「IRR ＞割引率」の場合には、この投資は OK** ということになります。これが IRR を基準として使う場合のルールです。

2 NPV と IRR が競合した場合

　簡単にまとめますと、NPV を使った場合には「NPV ＞ 0」になること、IRR を使った場合には「IRR ＞割引率」となることが投資を認める条件でした。では、同じ投資において、NPV と IRR で異なる結果が出たときには分析手法として、どちらを優先すべきでしょうか？　例えば、以下のような投資事例（プラン A とプラン B）を考えてみてください。

割引率5％	年度	プラン A	プラン B（単位：万円）
	0	－ 500	－ 500
	1	100	300
	2	150	250
	3	200	200
	4	300	150
	5	400	100
	NPV	464.3	387.0
	IRR	27.5％	36.1％

　NPV ではプラン A が高く、IRR ではプラン B が高くなっています。仮にこの企業が内部ルールで新規投資は「IRR30％以上」という基準を持っていた場合、結果だけから見るとプラン B が正しい選択になる可能性が高いのではないでしょうか。

　ここで、IRR について絶対に押さえておくべき重要な点を3つ記しておきます。

　第1は、**会社の目的は何か、そして、投資の目的は何かということをしっかり考える**ことです。第2章で述べたとおり、収益性、安定性、成長性という3つの大きな切り口があることを思い出してください。こうしたことを全て考えると、投資の目的とは投資することによる価値の最大化、最終的には企業価値の最大化ということになります。決して、リ

第4章　投資（インベストメント）の基礎

ターンの「率」ではないということです。

つまり、いくら IRR が高くても IRR は「規模」を反映しないということを絶対に忘れないでください。100 円で 10 円のリターンも 1 万円で 1,000 円のリターンも、率としては同じということです。

第 2 に、**IRR はキャッシュ・フローによっては解が不存在、あるいは複数存在するようなケースがあります**。これはグラフで見るとよくわかります。例えば、下図のような投資の場合は、複数解が出てしまいます。

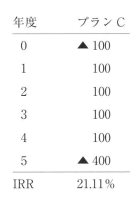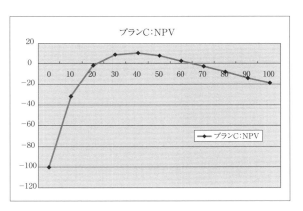

第 3 に、以上の点から言えることとして、①**投資評価では、どちらか一方だけではなく必ず NPV と IRR の両方で結果を確認すること**、②**NPV と IRR の結果が異なったときは、NPV を優先すること**、③ **IRR は率であり、投資の規模を反映しない点を理解しておくこと、また、キャッシュ・フローによっては解が不存在あるいは複数存在する可能性があることを覚えておく必要がある**ということです。使いやすい指標には欠点があるということですね。あとは、欠点を十分に理解した上でいかにうまく使いこなすかということになります。

第5章　マーケティングの基礎

　マーケティング（Marketing）に関する書籍はそれこそ山のように出ていますので、ここでは、大きな意味でマーケティング全体を「企業の戦略のひとつ」と考えることが可能であるとだけ指摘しておきましょう。通常、マーケティングとは、より限定的な意味として、「顧客のニーズをとらえ、自社製品が売れる仕組みを作っていくこと」と考えることが多いようですが、こうした考え方はマーケティングという活動のほんの一部を取り上げただけであるということを理解しておくことは大切です。

　いずれにしても、マーケティングの領域で使われている基本的な概念は、あらゆる組織や自分自身の日常生活においても十分活用が可能であることは間違いありません。以下、全体を大きくとらえる気持ちで基礎概念を理解してみましょう。

1　環境分析

　マーケティングのスタートは環境分析と呼ばれるものから始まります。環境分析にはマクロとミクロの分析がありますが、最初はマクロ環境分析を説明します。これは、人口、経済、政治、技術、歴史、文化といった、企業やその製品を取り囲む大きな環境全体をしっかりととらえておくことから始まります。

　例えば「中国」と一口に言っても地域により情勢は大きく異なります。それでも全体として可能な限り「中国」をとらえること、自分達がビジネスを行っていこうとする相手の基本的な状況を理解しておくことは必要です。中小企業だけでなく大企業もよく失敗する事例としては、このマクロ環境分析の段階で、重要な宗教的要因や公表された資料などだけ

第5章　マーケティングの基礎

では部外者にはなかなかわからないようなタブーを見逃してしまうこと
です。感謝のつもりが相手を侮辱することになったりすれば大変なこと
になります。知らなかったでは済まされないのが現実です。これは、日
本企業の製品の優秀さなどとは全く関係はありませんが、最初からボタ
ンを掛け間違うことになりますので、肝に銘じておく必要があるでしょ
う。

　これに対しミクロ環境の基本的な分析方法として使われているフレー
ムワークが 3C（Customer、Company、Competitor）あるいは 5C（3C
に Cost と Channel を加えたフレームワークです。Customer（顧客）
分析では、自らが想定している顧客が「購買にいたる一連の流れ」をし
っかりと把握することが必要です。具体的には、顧客の数、意思決定プ
ロセス、そして意思決定に影響を与える要因などを丁寧に調べ、現在の
マーケットの状態を把握することです。

　この段階で、通常 4R と呼ばれる優先度（Rank）、現実性（Reality）、
提供（Reach）、反応・分析（Response）といった要素の各々について、
実際にどのくらい有効であるかを調べることが必要になります。こうし
たフレームワークは、時代の経過とともに変わることがありますが、フ
レームワーク自体は、環境分析を行う場合のチェックリストのようなも
のと考えておけば良いでしょう。何もないところで考えるよりはチェッ
クリストを使った方が漏れは少なくなります。

　Competitor（競争相手）分析で重要なことは「事実の把握」です。プ
レーヤーは誰か、力関係はどうか、競争状態や業界の特徴、経営資源は
どうかといったことを憶測ではなく事実ベースでしっかりと把握するこ
とが必要です。

　Company（自社）分析で最もよく使われる方法は、SWOT 分析と呼
ばれる方法です。これは自社を取り巻く環境を内部要因（強さ、弱さ）
と外部要因（機会、脅威）に分けて、ひとつひとつを見ていく方法です。
SWOT とは、Strength、Weakness、Opportunity、Threat、の頭文字

29

を取ったものです。各々の要素と、組合せにより、次にとる対応が概ねどのようなものになるかを簡単に示したものが次の表です。

	機会（O） 環境・健康志向 高成長市場……	脅威（T） 規制が複雑 大手の参入……
強さ（S） 資金力、販売ルート、 開発力……	積極的攻勢	差別化
弱さ（W） コスト高、人材不足、 知名度……	段階的対応	守り中心・撤退

　Cost 分析では最も大事な部分のコストと、それがどのように変化してきたか、そしてどうすればそのコストを削減することが可能になるかといった視点から分析をします。

　最後に、Channel 分析では、自社の商品が消費者にいかなる経路を通じて届けられるか、そして、同時にそのチャネルでカバーされていない顧客やマーケットについても検討しておくことが必要です。

2　自社のポジションの認識

　マクロ・ミクロの環境分析を終了すると、次の段階に移ります。これまでの分析を通じて、自社が業界の中でどのような立場にいるのかがよく見えてきます。自社ポジションは、一般にリーダー、フォロワー、チャレンジャー、ニッチャーという形で大きく４つに分けられます。これは業界における売上高のシェアだけでなく、技術や流通ネットワークなど、企業活動のあらゆる面を考慮した上で判断すると良いかと思います。

第5章　マーケティングの基礎

3　戦略方向の策定

　自社のポジションが認識できれば、次はどのような戦略方向を採用するかという段階に移ります。多くの中小企業では、いきなりここから議論が始まることが少なくありません。目の前の火急の問題にいかに素早く対応するかは、現場で最も求められていることは確かですが、そうしたときこそ、「急がば回れ」という古人の知恵を思い出しましょう。SWOT の各要素をあわてて思い出すようでは、走り出してから忘れ物に気がつくようなものです。そうは言っても現実はこの繰り返しです。

　ポイントは、全体の流れをよく理解しておき、どこに引き返せばよいかがすぐにわかるようにしておくことです。個別戦略の中身を詳しく述べることは省略しますが、例えば、規模拡大か現状維持か、対決をするのかしないのか、対決するとすれば、誰とどのような形で行うのか、異なるマーケットへ進出するのか、リーダーに追随するのか、一点集中で行くのか等々、といった形で様々な方法が考えられます。そして、この段階から後、すなわちマーケット・セグメンテーション、製品のポジショニング、マーケティング・ミックスの決定という3つの段階を通常、マーケティング・プロセスと言います。

4　マーケティング・プロセス

(1)　マーケット・セグメンテーション（細分化）

　これはどのような切り口で市場を見るかという点です。代表的な切り口は、①地理的変数（地方、気候、人口密度等）、②デモグラフィック変数（年齢、性別、家族構成、所得、家業等）、③心理的変数（ライフスタイル、イメージ、キーワード、パーソナリティ等）、そして④行動パターン変数（機能、行動、ベネフィット、経済性等）の4つが存在し

31

ます。全てを調べ上げることは専門家でもなかなか難しいため、自社を取り巻く状況の中で可能な限りこうした視点からマーケットを細分化していくことを理解していただければ十分ではないかと思います。

(2)　製品のポジショニング

対象となる製品のポジショニングをどうするか。一番の理想は、「いろいろ見たけれどやはりこれが良い！」と言ってもらえるようにすることです。この背景には使い慣れている、有名である、安いなどといった要素がありますが、大原則は、顧客の規模を十分に考慮し、共感・共有できるメッセージを良好な企業イメージとともに提供することです。あるいは物理的に「本当にこれしかない」というような製品を作り出すこともひとつの方法です。

(3)　マーケティング・ミックス

マーケティングと聞くとすぐに「4P」を思い出す方は多いでしょうが、実は4Pの出番は、ようやくこの段階からということになります。

①　**Product（製品）**：ここでは、㋐製品そのもの、㋑製品がライフサイクルの中でどの状況にあるか、の2つが検討対象となります。前者は物理的特性（耐久財、非耐久財、サービス）、後者は導入・成長・成熟・衰退の各段階の認識とそれに対応した製品かどうかといった点です。さらに、㋒ブランド、㋓新製品開発といった切り口もあります。㋒では機能・効果・種類・管理手法などが検討材料ですし、㋓ではコンセプトの開発から仮説の検討と経済性分析、製品化とテスト、市場への導入といった一連の流れが対象となります。この部分は最もマーケティングらしい点かもしれません。

②　**Price（価格）**：価格については、㋐価格政策と、㋑価格設定、の2つの視点から見ることが必要です。前者では製品ライフサイクルに対応した価格政策がとられているかどうか、差別化やプロモーシ

ョンといった他の政策との関係がどうかなどがポイントです。これに対し、後者の価格設定ではより具体的に、例えば、コストプラス価格、マークアップ価格、ターゲット価格、実勢価格、入札価格、知覚重視価格、需要別価格といった様々な方法の中からどれを選択するかの判断が重要です。

③ **Place（流通）**：製品と価格が決まれば、次はどのルートで製品を市場に流すかが問われます。直接販売するのか、卸や小売りを通じて販売するのかなど、流通網はその「長さ」「幅」「地域」といった特徴や制限を考慮した上で選択していく必要があります。

④ **Promotion（宣伝）**：新製品開発などと並ぶマーケティングの最も華やかな面が宣伝かもしれません。ただし、宣伝は広告の表現や媒体の選択が重要です。これは**消費者の購買意欲を喚起するいわゆるプル（pull）と呼ばれている手法**に属します。これに対し、主として、これしかないといったような**流通チャネルを通じて消費者に製品を提供していく方法はプッシュ（push）**と呼ばれています。なお、人がモノを買うための具体的ポイントは、**気にする**（Attention）、**関心をもつ**（Interest）、**欲求をおこす**（Desire）、**記憶する**（Memory）、**購買する**（Action）の５段階が知られています。宣伝はこの５つに訴えるものが有効です。この５つは頭文字を取って **AIDMA（アイドマ）モデル**と呼ばれています。

5　全体システムのマネジメント

さて、マーケティングの全体像を駆け足で見てきましたが、一番重要な点は、全体を大きな「システム」としてうまく管理していくことです。顧客の関心は移りやすいですが、企業組織内部の関係者に発生するマンネリ化も全体に大きな影響を与えます。いくら良い商品が開発されても売り手にやる気がなければ話になりませんし、世の中の流れと大きくか

け離れたものを作っても、需要は限られたものになるでしょう。常に意識を鋭敏にすること、マーケティングを成功させるコツはこれに尽きるといっても過言ではありません。

　余談ですが、マーケティングでよく知られたある高名な先生が、戦後、某大学に職を得たときの講座名は「配給論」であったとのことです。また、初めて旧ソ連にマクドナルドが出店したとき、従業員が「売ってあげたのに、なぜ、顧客にありがとうと言う必要があるのか？」と、上司に対して質問をしたという話を聞いたことがあります。私達が普通に顧客のニーズを考えるという意識になったのは、歴史の流れの中では本当につい最近のことなのです。

　さて、この章では基礎的なマーケティングの全体像を一気に紹介してきました。いろいろな情報を得たときに頭を整理する方法のひとつは、項目ごとにもう一度、自分なりの目次を作ってみることです。第5章の例で言えば、以下のとおりとなります。

1.　環境分析
　1）　マクロ環境分析（人口、政治、経済、技術、歴史…）
　2）　ミクロ環境分析（3C）
　　　とくに、自社分析ではSWOT分析を活用
2.　自社のポジションの認識
3.　戦略方向の策定
4.　マーケティング・プロセス
　1）　マーケティング・セグメンテーション（細分化）
　2）　製品のポジショニング
　3）　マーケティング・ミックス（4P）
5.　全体システムのマネジメント

　個別項目の内容を、もう一度思い出していただければと思います。

ハーバードの記憶

　アメリカ合衆国マサチューセッツ州ケンブリッジ市にハーバード大学の大部分は存在しますが、そこから徒歩10分程度、チャールズ・リバーを挟んだ反対側（across the river と言います）、ボストン市にあるのがハーバード・ビジネス・スクール、つまり経営大学院です。MBAコースの学生はここに2年間通うことになります。

　ボストンを訪れた観光客の多くは、ハーバード・スクエアを中心とするケンブリッジ側のキャンパスに立ち寄ります。キャンパスの中心、正門からまっすぐに構内に入ったところにこの大学の創立者であるジョン・ハーバードの像があります。初めてハーバードを訪問した人の多くは、この像の前で記念写真を撮りますが、その前後に彼のつま先に触れるようです。おそらく現在までに何人もの人が触れたであろう彼のつま先は、いつ見てもピカピカの状態になっています。

　ジョン・ハーバードの像を背に周りを見渡すと一面の芝生と赤煉瓦の伝統的アイビー・リーグの建物や、アメリカ国内でも最大級の蔵書を誇るワイドナー図書館など様々な建物が目に入ります。この地域の多くの建物と同様、外側は赤煉瓦で覆われるか、コリント様式などの伝統的なスタイルが多く、いかにも重厚な装いを施しながらも、一歩、建物の中に入ると最先端の情報技術が隅々まで行きわたっている、こんな違いは実際にそこで生活や仕事をしてみないとなかなか実感できないかもしれません。

　外から見た歴史の重さを感じさせる建物と、最先端のインテリジェント・ビルとしての内側、景観に最大限の配慮をしながらも、コンピューター・ネットワークと縦横に走る専用地下道により真冬の大雪の時期ですら各建物の間を自由に行き来できるインフラストラクチャーを備えた大学、それがハーバード大学です。

　私がこの大学の学生であった期間はわずか2年間、それも川の反対側にあるビジネス・スクールに通っていた時期だけです。観光客が急増し

て街の雰囲気ががらりと変わる夏を過ぎ、秋風が吹き始める頃、この大学の本来の住人である学生達の生活が始まります。ビジネス・スクールの授業は100%ケース・スタディ。在学時、年間約400、2年間で約800のケース・スタディを毎日行いました。

　正直に言えば、ケース・スタディなるものが本当に有効であるかどうか、自らが体験するまでは全くわかりませんでした。それでも最初の3か月、無我夢中の試行錯誤期間が過ぎる頃から、何となく感触がつかめるようになります。秋のアメリカは、ハロウィーン、感謝祭、クリスマスと、1か月ごとに大きな行事がありますが、私が初めて一息つけたのは感謝祭終了の頃だったと思います。次がクリスマス。ボストンは真冬には零下30度に達することもあり、チャールズ・リバーも完全に凍りつくことがあります。真夜中12時過ぎに仲間と一緒のスタディ・グループを終了した後、家族の待つアパートへ一人で降りしきる雪の中を帰った日々がついこの間のような気がします。

　冬が終わる頃にはそれまでに取得した科目を合算すると1年目の成績状況がある程度わかるようになり、進級をかけて臨む学年末試験が各人にとってどの程度の意味を持ってくるかが判明してきます。必要単位を既にクリアしてそれなりに余裕で試験を迎えられる者もいれば、これ以上絶対に落とせないと表情が引き締まる者も出てきます。1年目の春から初夏にかけての大学構内には、様々な学生の感情が交錯しています。

　MBAの1年目は経営に関するあらゆる分野の基礎を学びます。授業から戻ると軽く一休みした後は、毎日部屋に籠ってケースを読んでいた、これが当時1歳の娘にとってどういう影響を与えたかはわかりません。寝転がって子供をおなかの上に乗せてケースを読んでいたまま2人揃って寝入ってしまったことが何度もありました。

　長そでのシャツが暑苦しくなるようになるとMBAの1年目は修了、各自が長い夏に向けて最後の頑張りを発揮する時期になります。

第6章　生産管理（オペレーションズ）の基礎

工場などの生産管理のことを英語では Operations Management と言います。オペレーションズという言葉は、工場における生産だけでなく、サービス業などを含む業務全体を示しています。そうなると、これは技術系の人だけでなく実は文科系のマネジャーにとっても極めて重要だということがわかります。少人数の中小企業、例えば町工場や商店の経営者にとってはオペレーションズの成否が即、売上げの増減や場合によっては倒産にさえつながります。ここでは、オペレーションズ・マネジメントの中でも重要な概念をいくつか簡単に見ていきましょう。

1　「ボトルネック」の発見

10人程度の子供が1列になって行進している様子を思い描いてください。最初のうちは等間隔で進んでいても、そのうちに誰かが遅れると、その子より後が皆遅れてしまうようになります。登山の例でも同じです。登山においては、リーダーは登山のペースを一番体力のない人に合わせることが鉄則です。こうした事例から経営に応用できる重要な教訓があることがわかります。**「全体の能力は最も弱いものに規定される」**ということです。

例えば、ファストフード店でハンバーガーを焼くというような事例で考えた場合、細かく作業を見ると、パンの上を焼く、パンの下を焼く、チーズなどでドレスアップする、肉のパテの片面を焼く、肉のパテの反対面を焼く、焼いた肉をパンの間にはさむ……といったような形で非常に多くの作業が順次あるいは同時並行的に行われています。この一連の流れの中で最も時間がかかる作業は何でしょうか？ちょっと想像してい

37

ただければわかるとおり、答えは肉のパテを焼くことです。パンはトースターで1分弱で温められますが、冷凍された肉はその倍以上の時間がかかります。

　これは何を意味しているかというと、とにかくひとつのハンバーガーを作るためには、最短でも肉を焼く時間はかかる……ということです。こうした場合、肉のことを「**ボトルネック**」と呼びます。「ボトルネック」とはガラスビンなどの首の部分を示しています。いくら大きなビンでも首の部分が細ければ水が流れる量は限られてしまうことを考えていただければわかりやすいと思います。最初に述べた例で言えば、遅れた子供、あるいはメンバーの中で最も体力がなく歩くペースが遅い人がこれに相当します。他がどんなに頑張っても、全体のペースは決まってしまうからです。これを**制約理論**という立場の表現で言えば、「**ボトルネックが全体の能力を決定する**」ということになります。経営においては、まずは自社の能力を決定している「ボトルネック」を探し出し、その改善を図ることこそが生産性向上の第一歩となります。

　ボトルネックの発見という作業には、これで終わりということはありません。ある製品を作る、あるいはあるサービスを提供するということは一連の流れである以上、ひとつのボトルネックを発見し、それを改善した途端に、それまで隠れていた次のボトルネックが見えてくるはずです。今度はそれを改善していかなければなりません。

　つまり、ボトルネックの発見と改善とは、仕事をしている以上、永遠に続く取組みを意味しています。これも経営の辛さ、難しさのひとつではないかと思います。英語ではcontinuous improvement（継続的な改善）という言葉がありますが、これも同じです。改善努力をあきらめた瞬間に製品やサービス、そして組織の能力は競争優位を喪失していくことになります。だからこそ、経営は面白いと同時に辛いということが言えるのではないでしょうか。

第6章　生産管理（オペレーションズ）の基礎

2　生産計画

　さて、「ボトルネック」の発見と同様に重要なポイントが**生産計画**です。生産計画の詳細は個別企業により異なりますが、ポイントは、**どの程度、いわゆる「中間品」を見込みで作っておくかという点**です。客が来たらすぐに出せるという早さを売り物にした立ち食いそば屋と、注文を受けてから作り始める高級蕎麦屋では、中間品に対する概念は全く異なります。もう少し一般的に言えば、前者はいわゆる見込み生産タイプ、後者は受注生産タイプの企業と言えるでしょう。見込み生産のポイントは在庫管理、受注生産のポイントは納期です。注文を出してからどのくらいで手元に届くか、これは顧客の立場に立ってみればよくわかるのではないでしょうか。

3　プロセスの管理

　さて、一般的に工場などでは、様々な計画を立てています。年間計画、四半期計画、月次計画、週間計画、日ごとの計画……、これらは全て、それなりの理由があって作られていることは事実でしょうが、あまり詳細にし過ぎると製品を作っているのだか計画を作っているのだかわからなくなってしまうことがあります。特に現場では、明確な文言になっていなくても長年の経験でうまくバランスがとれている状態もあります。計画を立てるときにはこうした現場の実態もよく理解した上で無理のない計画を作ることが重要です。それでも、一旦計画が作られたとき、工程全体を何とか短縮したいというような状況が現実にはよく発生します。

　そのようなときには複数の工程の計画を全て始めから終わりまで一覧表にしてみることです。それを見ると、例えばある工程を頑張って短縮しても全体工程には全く影響しない工程であったとか、どこを動かさな

39

いと全体工程は短縮できないといったことがよく見えてきます。

次の図で言えば、とにかく灰色の部分の作業を短縮しない限り、他をいくら短縮しても全体の時間は変わりません。こうした灰色の部分に相当する、いわば一筆書きでつながっているような工程のことを「クリティカル・パス」と呼んでいます。時間の短縮はクリティカル・パスを発見し、そこを短縮することにより達成できるはずです。ボトルネックの発見と同じですね。

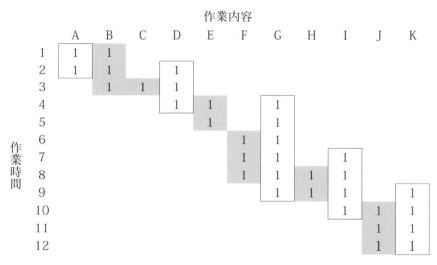

4 在庫の管理

生産性の向上のためには、在庫の機能を理解し、その管理をしっかりとしておくことが重要であることは言うまでもありません。在庫と一口に言っても、原料在庫、半製品在庫、そして製品在庫、流通在庫など様々なものがありますが、全体の生産時間を短縮するためには、個別の作業スピードをアップするか、あるいは在庫時間や停滞時間を減少させるかがカギとなります。一般によく用いられている在庫管理システムは、**1回ごとの注文ロットを一定にする定量発注システム**か、**定期的にロット**

を注文する**定期発注システム**と言われているものです。いずれの場合でも、**最適経済ロット**（EOQ：Economic Order Quantity）を考慮し無駄がないようにする必要があります。

　ちなみに、例えば、年間需要量を D、ロットサイズを Q、1回当たりの発注コストを S、単位当たりの原価を C、借入利子や保管費用とマテハンと呼ばれる取扱費用などを考慮した年間在庫利子率を i とした場合、年間発注コストは、「S × D ÷ Q……①」ということになります。また、年間在庫コストは、「C × i × Q ÷ 2……②」になります。最適経済ロットとは、この計算で① = ②となる場合ですので、これを計算すると、「$EOQ = \sqrt{\dfrac{2SD}{Ci}}$」ということになります。ややわかりにくかったかもしれませんが、① = ②というのは年間発注コストが年間在庫コストと等しくなる場合を想定しています。

　なお、在庫管理システムとして、わが国で最も有名なものは、トヨタの「かんばん方式」です。これは後工程（顧客）が、前工程（スーパーマーケット）に、必要なものを必要なだけ、必要なときに取りに行く（ジャスト・イン・タイム方式）を管理する仕組みです。そして、この生産を行う前提として「不良品は後工程に絶対に流さない」、いわゆる「（にんべんのある）自働化」というものがあります。「自働化」は、ケアレス・ミス等による不良品の発生を防止するメカニズムです。不良品が発生した際、機械が行う「自動停止」だけではなく、作業者自身が生産ラインを止めてしまうことができる点に単なる機械による自動停止との大きな違いがあります。トヨタの生産方式については、それ自体を詳細に解説した複数の書籍が発行されていますので、一度、じっくり読んでみることをおすすめします。

5　調達と輸送

　グローバル化の進展により、食品や衣料に限らずあらゆるものが世界

中を動くようになりました。今では、最終製品を見ただけでは、そのひとつひとつのパーツがどこで作られたものかなど、本当にわかりにくくなっています。

原材料の調達、加工・生産、保管、輸送、販売といった一連の流れ全体のことを**サプライ・チェーン**（Supply Chain）と言い、このサプライ・チェーン全体をいかに管理していくかという視点がどの業界にも、そしてどの企業にも問われています。こうした視点から経営を見ることを**サプライ・チェーン・マネジメント**（SCM：Supply Chain Management）と言います。

SCM の重要なポイントは、個別の地域における生産や加工・保管だけでなく、こうした個別地域をつなぐ輸送にあります。これは軍事用語では兵站（へいたん）と言いますが、現在では、ロジスティックス（logistics）と言います。サプライ・チェーン全体を見て、その中での「ボトルネック」をなくし、全体を最適化することこそが SCM の最大の目的です。

6　品質の管理

オペレーションズで忘れてはならない概念のひとつに「品質」があります。この品質という言葉は、使う側、受ける側により様々な意味があります。工場などでは通常は製造品質、もっと簡単に言えば仕様（スペック）のことを意味していますが、製品の属性、つまり性能や機能のことを意味したり、ユーザーが満足するかどうかといったレベルでの品質概念もあります。さらに、「美」的概念や価値概念にまで拡大して品質を考えることも可能ですので、**品質管理とはどこまでのことを意味しているのかは社内でも理解を共有しておく必要があります。**

ある意味では「食の安全・安心」という表現と共通するところがあるかもしれません。安全は科学的にしっかり判定できるものですが、安心

は消費者の心理的なものです。「満足すべき品質」とは、科学的な部分だけで済むのか、あるいは心理的な部分までを含むのか、これは企業として品質管理運動などを行うときは十分考えておく必要があると思います。

　少し前に6Σ（シックス・シグマ）という言葉が有名になりました。シグマ（Σ）とは統計学用語では標準偏差（分散の平方根）のことで、分布のばらつきを示しています。つまり、品質のばらつきを標準偏差で測定し、正規分布の中心に平均からプラスマイナス6Σを上限および下限の管理限界としたものです。厳密に言えば数学的な6Σとは数値に差がありますが、経営の実務的に言えば、100万個の製品を作って数個の不良品が出るレベルにまで不良品の発生率を抑える……ということがそもそもの始まりです。

　この6Σという考え方も、特定の商品や製造品の品質管理から、企業組織全体の経営のプロセスの改革などに適用されてきています。よく言われるPDCAサイクル（Plan → Do → Check → Action）をさらに発展させ、現在では6Σの具体的行動プロセスとしてはMAIC（Measurement（測定）→ Analysis（分析）→ Improvement（改善）→ Control（コントロール・管理））といったサイクルを繰り返し回し続ける形で様々な企業に活用されています。

＊　　＊　　＊

　なお、筆者も、宮城大学の講義では、日本が世界に誇る様々な中小企業を学生達に紹介しています。メディアで伝えられることが多い大企業だけではなく、中小企業の中にも世界レベルの技術をもっている企業の多いことを知ると、学生達は心の底から驚くとともに、自らの将来についてもいろいろと考えるようです。こうした、世界レベルの中小企業についてご関心のある方は一度インターネットでいろいろと調べてみて下さい。びっくりするような企業が数多く日本に存在し、世界レベルで競争優位を確立していることがおわかりいただけると思います。

第7章　組織行動論の基礎

　組織行動論とは「**人と組織のマネジメント**」です。マネジメントには、経営理念、経営戦略、組織管理、人事制度といった一定の形があるものと、そこで働く一人ひとりの従業員の「心の内側」に作用するもの、例えば、モチベーション（動機付け）やインセンティブなどがあり、これらは全て関係しています。本章では後者を中心に見ていきましょう。

1　人の行動に影響を与える諸要因

　人と組織のマネジメントの根幹にあるものは、**企業の経営理念（ミッション：Mission）と企業の文化（コーポレート・カルチャー：Corporate Culture）**です。そもそもこの組織は何のために設立されたのかといった一番の元となる考えのことを経営理念と言います。経営理念は、企業経営が順調なときにはあまり意識されませんが、経営が厳しいときほど重要性を増してきます。教科書的な正解が存在しない究極の経営判断を迫られるようなとき、最終的な判断の拠り所となるものと言ってもよいでしょう。

　企業の中には、今まで経営理念を意識しておらず、最近の風潮に乗ってあわてて聞こえの良い理念を形だけ作りあげたようなところも多くありますが、こういうものはそれこそ魂が入っていない形だけのものになりかねません。自社の歴史、過去に体験した数多くの困難をどのように克服してきたか、その経験と教訓をしっかりと思い出していただければ、そこにこそ自社にとって最もふさわしい経営理念が見つかると思います。

　この、経営理念を実現するという長年の行動の積み重ねが自然な形で企業文化を作っていきます。そして、経営理念と企業文化が組織内部の

要素とすれば、外部要因として、労働市場や競合他社の動向、法規制、技術の変化、そして社会全体の動向などが組織内の人の動きに影響を与える諸要因と考えてよいかと思います。

2　企業文化

ドナルド・キャンベルという研究者は、ものごとには「発生」→「選択・淘汰」→「定着」という３つの段階があると言っています。これは経営だけの問題ではなく、生物の進化といったことを考えてみれば、あらゆる現象に適用できる基本的な考え方と言えるかもしれません。

さて、こうした段階を経て定着した企業文化あるいは組織文化にはどのようなものがあるでしょうか。これまでの様々な研究により、大きく分けて５つの形があることが知られています。その５つとは、①**象徴的事例**（役員室・制服・ゴミ拾いやお墓掃除などの特定の行動等）、②**儀式**（入社式、辞令交付、歓送迎会等）、③**社会化**（教育研修、評価制度等）、④**シンボリック**な言葉（組織独自の言葉、社章等）、そして、⑤**英雄伝説**（創業者や中興の祖にまつわる伝説）と言われています。

こうした分類をもとに、自社の中である種の「こだわり」を持って実施されている行動を観察してみてください。それがその企業の企業文化と言えるものです。少し言い方を変えれば、**企業文化とは、共有されている価値・信念・規模・行動様式**などと表現することも可能かと思います。

専門の研究者の中には、上記のような５つの分類とは別に、その特徴により、例えば、調和やコンセンサス、情報や価値を共有する**人間関係重視型**、合理性・有効性・戦略性を重視する**戦略重視型**、独立性・独創性を重視する**ベンチャー型**、合理性や安定性を重視する**官僚型**の４つに分類する人もいます。それぞれ英語の頭文字を取って、Ｈ型、Ｓ型、Ｖ型、Ｂ型などと表現されています。

いずれにしても、企業文化には組織に属する人が自然に気がついているものもあれば、外部の人が見て初めてわかるようなものまで、その種類はかなり多岐にわたります。そして、時間とともに企業文化そのものにも変化していく部分があることが重要な特徴です。

3 モチベーションとインセンティブ

人はなぜ働くのでしょうか。その背景、動機（モチベーション）を見ていくと、大きく分けて、**金銭的動機、社会的動機、自己実現動機**の3つがあることが知られています。これら3つの動機を核とし、それから派生するものとして、例えば連帯感や安心感、リーダーの魅力、「場」を求める気持ち、価値観の共有、他者から一定の評価を受けたいことなど、多くの要素があることがわかります。

さて、こうしたモチベーションには様々な段階があることが古くから知られています。代表的なものはアブラハム・マズローの「欲求5段階説」です。すなわち、**生理的欲求、安全欲求、社会的欲求、尊厳欲求**、そして最後が**自己実現欲求**です。

さらに、X理論とY理論というものも聞かれたことがあるかもしれません。X理論とは、人は本来仕事が嫌いであるため、命令や強制をしなくては働かないといういわば性悪説のようなものです。これに対し、Y理論とは、人は本来勤勉であるため、納得できる目標や興味ある対象を与えれば自発的に働くというものです。これらの他、衛生状態のようなものは、動機付け要因そのものではありませんが、それが満たされていないと不満を感じるという点でモチベーションにも重要な影響を及ぼすことが知られています。

さて、現実の中小企業経営におけるモチベーション、そしてモチベーションを高めるための具体的なインセンティブにはどのようなものがあるでしょうか。業績連動型の報酬などは最もわかりやすいものかもしれ

ませんが、多くの企業を見てきてわかることとして、もちろん給料そのものは重要ですが、職場あるいは仕事内容における他の部分が認められなくなると最後には「それなら少なくとも給料だけは高く」という傾向が強くなることがあります。これは、裏返せば「やりがい」や「認めてもらえること」など、非金銭的な内容が全てではなくともかなりの要素を占めているということを示しているのではないかと思いますが、いかがでしょうか。

4　リーダーとマネジャー

　学生時代に水泳部だった私は、遠泳というものを何度か経験しています。「沖の島まで泳ぐぞ！全員だ！とにかくやってみよう！」こうした掛声とともに海に入りますが、実はその前段階で、参加者全員の泳力の判定をし、どのような隊列を組むかを決め、もし何か不測の事態が発生したときのための対応や途中で脱落した者へのフォローを考え、最終的には全員で島へ辿り着く。このような経験があります。

　企業経営で言えば、島までの遠泳という目標を提示し、参加者をその気にさせるのがリーダーであれば、その後の細かな対応をひとつひとつ積み上げていったのはマネジャーの仕事と言えるでしょう。

　簡単に言えば、**リーダーとは（変化の）方向を示す人**であり、**皆の気持ちを同じ方向へ向けさせる人**、そして**「その気」にさせる人**と言えるでしょう。これに対し、**マネジャーとは、計画・予算を策定し、組織を実際に運営してリーダーが示した方向をしっかりとコントロールする人**のことです。

　リーダーシップに関しては多くの研究がありますが、かつては優れたリーダーはそもそも一般人とは異なる「特性」を持っている「特性論」が中心でした。しかし、近年では優れたリーダーと普通のリーダーの行動の違いに注目した「行動論」や部下のタイプにより異なるリーダーシ

ップの型があるという「状況論」も注目されています。いずれの見解にもなるほどと思う点はありますが、重要なポイントは、企業組織においては、様々なクラス（段階）にリーダーが必要であるということと、そうはいっても経営層には必ずリーダーが必要だということです。うまく機能している組織では、経営陣、ミドル、一般社員の各々に必ずリーダーがいてグループを引っ張っています。トップが強いリーダーの場合、ミドル以下が目立たないことはありますが、それでも組織は何とか動くことが可能です。ただし経営層にリーダーがいない組織は、いくらミドル以下が頑張っても良い業績を続けることは難しいようです。

　これは、どんなに優秀な漕ぎ手がいる船でも、どちらの方向へどのようなルートを辿って行くかが示されなければ目的地へ到着することはできないことと同じです。中小企業ではリーダーとマネジャーを兼任するケースも多いようですが、この場合でも双方の仕事の違いをしっかりと理解しておくことが必要です。

5　パワーと影響力

　組織行動論の中で最も「ソフト」でありながら、現実社会においては最も重要かもしれない分野がパワーと影響力に関するものです。言い方を換えれば、これは最もドロドロした部分でもありますが、健全にパワーを行使することにより、人も組織もその目的を達成することができるようになります。この分野のツボは、権威と権力の違いを理解すること、もっと簡単に言えば、地位はあっても影響力のない人と、平社員でも発言や行動に影響力のある人の違いを理解し、そのパワーと影響力を自分のものにしていくことです。

　このためには、**「状況に対する認識能力」**というものが問われます。利害関係者間の目的や価値観の違い、感情の微妙な違い、敵と味方の判別といったことなどが認識能力に大きく左右されます。一時期 KY（空

気が読めない）な奴という表現がはやりましたが、これも認識能力のなさを現代流に表現したものと言えます。

　そして、この認識能力を基礎に、一人ひとりが自らの**パワー・ベース**（Power Base）と呼べるものをいかに構築できるかが、各個人の対人能力を最終的に決定します。自らが望む方向や結果を生じさせるように、周りの環境に影響を及ぼすことができる能力と言ってもよいでしょう。これを影響力（Influence）と呼びます。

　パワー・ベースには様々なものがあります。わかりやすい例で言えば、情報や（専門）知識、公式の「権限」や恐怖・賞罰などですが、人間関係や評判、ネットワーク、そして資金や家柄・学歴・コネなどもパワー・ベースになり得ます。興味深い点は、パワー・ベースそのものも時間や環境とともに変化することです。かつては有力なパワー・ベースではあっても現代社会ではそれほど評価されないものも沢山あります。今、自らが直面している状況を正確に認識し、進むべき方向がはっきりしていれば、どのようなものがパワー・ベースになり得るかは自ずと明らかになってくるのではないでしょうか。

6　組織の形態

　「人と組織のマネジメント」の最後に、組織そのものの物理的特徴、つまり組織の形態について少し紹介しておきましょう。

　組織形態の最も基本的な形は**機能別組織**というものです。簡単に言うと、業務ごとに部門が分かれ、取締役会がそれらの上位にあるという形です。専門性や効率性、さらに部門ごとの帰属意識を高めるなどといったプラス面がある一方で、責任や権限が限定されていること、専門性に偏りすぎていること、部門間争いや最終調整がトップまで行かざるを得ないこと、といったマイナス面もあります。

　事業が拡大していくと、機能別組織はマイナス面が目立つようになり

ます。これを克服するために、同じ業界や製品群などで組織をくくったいわゆる**事業部別組織**というものが登場してきました。会社の中に事業部ごとに会社を作るようなイメージです。これにより意思決定の迅速化や経営意識の向上、責任所在が明確化するなど、現代の多くの企業において事業部別組織は採用されています。

　ところが、この組織にも問題点が出てきました。部門間の協調に限界があることや、部門間での人材の抱え込み、そして短期的利益の追求に陥りやすいなどが指摘され始めたのです。そこで事業別組織に変わるものとして注目された形態が、**マトリックス型組織**というものです。これは機能別組織と事業部別組織を組み合わせたもので、地方の支店で本社の全ての部門の要求に対応すると同時に、支店長の指示にも従わなければならないというような権限も責任もあいまいという状況を生み出してしまいました。手続きだけが増えてしまったようなものです。

　こうしたことの教訓や、情報通信ネットワークの発展を活用し、最近では、ゆるやかな連結や自立性の高さ、そしてグループごとの組み替えが容易な**ネットワーク型組織**や、**プロジェクト・チーム型組織**、**クラスター型組織**などと呼ばれる様々な形態の組織が登場してきています。

　おそらく、これからも様々な名称の組織の形が登場しては消えていくのではないでしょうか。組織というものは不思議なもので、いかにうまく「型」を作っても、それだけで効率的に機能するものではありません。そこには「人」という重要な構成要素が存在し、その「人」は感情という、これもまたコントロールが難しい要素により大きく行動が影響を受けてしまいます。それでも経営者は、その時々において最善の組織形態を常に追求し続けること、これだけは時代がどのように変わっても同じなのではないかと思います。

第8章　人的資源管理

　企業や組織の最大の資産と考えられるヒト、すなわち人材の管理について考えてみましょう。企業において優秀な人材の採用、適切な評価と昇進・昇格、そして人材の有効活用は極めて重要です。

　これらを具体化するため、多くの企業では、まず理念を定め、人材養成の基本方針を設定します。実はここでの**本当の目的は核となる人材の内部化**と言っても過言ではありません。さらに、組織としての制度・慣行・企業文化といったものが関係することも前章で見てきました。最終的には様々な行動の結果が目に見える形で表れてきます。本章では、以上のうち人材養成の基本方針に関する部分を少し詳しく見ていきます。

1　人事管理と人的資源管理

　今でも多くの企業では人事管理という言葉が使われています。伝統的にわが国の多くの企業で用いられてきた人事管理という手法の根本には、あくまでも短期的な視点から従業員の機能を重視して考えること、もっと言えば従業員は労働力であるといった考え方が大きく影響していました。そして、従業員の採用や育成などは企業全体の戦略などとはあまり連動しておらず、あくまでも従業員は経営者が定めた目標を達成するための手段のひとつといったような側面も出る可能性があったと言えます。

　これに対し、従業員を会社の貴重な資源、つまり人的資源とみなし、長期的かつ戦略的な視点に基づいた上で、個々の従業員の人格を尊重して企業全体の戦略と連動した形でどう活用していくか、今後どのように従業員が目標を達成していくことをサポートしていくかといった視点にウエイトを置いた方法を**人的資源管理**（HRM：Human Resources

Management）と呼んでいます。歴史的に見た場合、もともとアメリカの大企業、例えば IBM などは極めて家族主義的な会社でした。ところが、1980 年代にアメリカの製造業が競争力を喪失した中で、人的資源を有効に活用するため、ハーバード大学のマイケル・ビア等を中心に、従来の「景気が悪くなればレイオフ」するような形の人事管理から、さらに一歩踏み込んだ概念として発達してきたものが現代の人的資源管理と言えます。

　では、人的資源管理（HRM）という視点から、組織におけるヒトに関係する 4 つの流れを考えてみましょう。この全体を HR（ヒューマン・リソース）フローといいます。

2　採用（HR インフロー）

　人材の管理は採用から始まります。人的資源管理では、人材を長期的、戦略的視点からとらえるだけでなく、従業員の人格を尊重し、企業や組織の戦略との連動性を重視した上で、今後の成長につながる目標探索的役割を担う資源として採用します。これが、従来の、短期的、機能重視、従業員を労働力と見て目標達成の道具として位置付ける単なる人事管理とは大きく異なる点です。

　具体的には、ヒトを見るときの切り口として、①**スキル**、②**頭の良さ**、③**動機**、そして、④**行動・思考特性**といった 4 つの代表的な切り口を使います。

　スキルは、知識、専門性、経験、技術、習熟度といったもので、いわば目に見える尺度です。通常、多くのスキルは採用後でも習得可能です。そして、スキルによってはすぐに陳腐化するということも忘れてはいけません。ある人が持っているスキルがどのようなものかは、特に新しい技術の場合、その目新しさに魅かれてしまいがちですが、どの程度の持続性があるかを見極めることが重要です。

第 8 章　人的資源管理

　頭の良さとは、偏差値や IQ で表示される「いわゆる優秀さ」であり、ある意味、最も変化しにくいと考えられています。ただし、絶対ではありません。日本をはじめ多くの国では学歴をその指標として見ることが多いですが、画一的な訓練でかなりの得点が可能な現代の受験勉強をくぐり抜ける能力だけでは実社会における正解のない問題に対応するには不十分です。「使えない東大卒」という言葉ではありませんが、知的能力にも様々なものがあることを理解しておく必要があります。

　動機は、ある事柄に対する達成動機や上昇志向の有無など、多くの場合、子供の頃からの経験の積み重ねにより形成されることが多いと考えられています。実は、中小企業経営者はこの「動機」がいかに経営において重要であるかを体験として理解している方が多いと思います。採用時の試験や面接の結果が学校秀才よりも多少は劣っていても、強い動機、決してゆるがない動機を持っている人間は、長い目で見た場合、企業に貢献してくれることが多いはずです。

　こうした人は自分の弱点をしっかりと自覚しているケースも多く、だからこそ他人より時間がかかっても強い責任感と使命感を持って仕事をしてくれます。**中小企業経営においては、高学歴だからという理由ではなく、こうした強い動機を持つ人間を見抜いて採用することが特に重要**になるのではないかと思います。最後に、比較的見逃しやすいものをもうひとつあげておきましょう。

　行動・思考特性です。これはリーダーとしての特徴ある行動や思考方法など、問題発見や課題解決に適した行動・思考特性を持っているかどうかです。重要なポイントとしては、行動・思考特性は、採用後も多くの場合、適切な訓練や実践を通じて身につけることが可能だということです。これは第 7 章の組織行動論の中でリーダーシップの話をしたときにも言及しましたので覚えておられるかと思います。

　なお、採用側は、これら 4 つの切り口から応募者を見るだけでなく、背伸びをして優秀な人材を採用しがちであることにも注意しなければい

けません。立派な人材を採用しても、待遇等で不満が溜まれば結局離れていきます。これは、お互いにとって時間と資源の浪費です。

3　昇進と昇格

　これまで多くの日本企業では、終身雇用および年功序列という仕組みがそれなりにうまく機能してきました。しかしながら、会社は永遠ではなく、経済は常に右肩上がりでもありません。年齢構成として、50代以上が過半数を占める今後の日本では（2016年時点で全人口の53％が45歳以上）、制度の是非以前に、そもそも終身雇用や年功序列といった仕組みそのものの維持が極めて難しくなっています。

　何よりも、いつ会社がつぶれるかわからず、経済は変動し、高齢化が進展する社会では、例えば年功序列という仕組み自体が雇用者・従業員双方にとって、もはや魅力ある仕組みではなくなってきているのではないでしょうか。

　それでも1990年代頃までは、精神的あるいは文化的な土台としての年功序列制度の上に、成果主義の衣をまとった企業が多く、変化の中で様々な軋轢を生じてきたことはよく知られています。背景には、仕事に対する意識の変化、そして中途半端な成果主義の導入が進展した中で、（恩恵を受けて）逃げ切れた人と、（恩恵を受ける直前で）切られた人との大きな違いがあったことも事実です。

　何十年も真面目に働いてきた人が、ある日突然、仕組みが変わったと言われても、なかなか対応できるものではありません。それでも日本社会はグローバル化の進展の中で、既に各国との競争を避けて通ることはできなくなっています。

　おそらく、今後の日本社会は、一時的なコスト低減のためのリストラなどではなく、本当の意味での成果主義のもとで何十年も働くことが求められる社会へと変わっていくのではないかと思われます。

第8章　人的資源管理

　既にその流れは始まっており、人事制度そのものも、一般職から管理職へという従来型の昇進ルートだけでなく、一般職から管理職あるいは専門職として一生を終える人も多く出始めています。こうした制度は**複線型人事制度**と呼ばれています。

　以前に比べれば厳しいことは事実ですが、一定の時間の経過とともに、頑張った人には、それなりに報われる仕組みが少しずつ整っていくでしょう。それに伴い、例えば、かつては一旦就職すれば一生安泰であった公務員のような職種も、変化を望まない人々により、それなりに人気を取り戻すかもしれません。ただし、以前ほど恩恵がある職種ではなくなっていくと思われます。

　今や、求められている人材そのものが、大きく変わってきているということを雇用者も従業員もしっかりと理解しておく必要があります。

4　人材の評価システム

　それでは、こうした変化の中で、人材はどのように評価していけばよいのでしょうか。評価方法のひとつとして注目されている手法に**コンピテンシー評価**というものがあります。コンピテンシー（Competency）とは、ある人物が高い成果を生み出すために、安定的に発揮している行動・思考特性のことです。様々な研究の結果として、企業や組織内には、「デキる」人間の中に、ある程度共通した考え方や行動特性というものがあることがわかってきました。その内容は、3つに分類できます。

　第1に、知性と技術の有無。具体的には、対人関係の構築能力や、情報収集能力のことです。これらの有無は企業の業績・成果に直結します。

　第2に、性格と性質。これは、ある事柄に直面したときに、柔軟性、持続性、そして計画性といったものがあるかどうか。これも重要です。

　第3に、意識。これはリーダーシップそのものや、仕事に対する（精神的な）姿勢を見るものです。

現実には各々の企業や組織により、直面している問題や、ビジネスそのものが異なるため、「デキる」従業員の基準そのものが異なります。したがって、以下の様な手順で、自分達のビジネスと企業・組織文化に合った形の、独自評価基準を作る必要があります。

(1) 自社にとっての「デキる」社員の行動を分析する。
(2) その中で、何が成果を生む特性なのかを特定する。
(3) 「デキる」社員の行動特性を「評価基準」として明示する。
(4) これを自社の社員に対し採用や昇進の判断基準とする。

5 退職・解雇 (HR アウトフロー) とワーク・ライフ・バランス

人的資源管理の最後がHRアウトフローのマネジメントです。「就職」ではなく「就社」が普通であった時代には、会社は一種の擬似家族であり、人生は会社そのものでした。ただし、レールの上を走っている限りは一生安泰でしたが、何らかの事情により一度定められたレールを外れた場合、敗者復活戦はほとんどあり得ませんでした。

終身雇用や年功序列制度から複線型人事制度や成果主義、離職や転職など、人材の流動化が頻繁に発生する社会になると、これまで会社に頼っていたことは、基本的に自らが責任を持って行うことになります。

自分のお金の貯蓄、資産の運用から、メンタル面を含めた健康管理まで、無意識のうちに会社に任せていたことを全て自分で行うわけです。これは大企業に勤めている人の方が、ショックは大きいかもしれません。仕事と家庭が一体となっているケースが多い中小企業の経営者から見れば、大企業のサラリーマンが悩んでいるワーク・ライフ・バランスなどは、多くの場合、はるか以前から乗り越えてきた問題に過ぎません。むしろ、中小企業にとっては、日本人だけでなく、外国人従業員を含めた多国籍従業員のマネジメントと、自社の熟練技術の伝承をどうするかといった現実的な問題の方が大きいのではないかと思われます。

MBA：2年目

　MBAの1年目は入学時に振り分けられたセクション（日本でいう学級、クラスのようなもの）ごとに全ての学生が同じ教材で同じ内容を学びます。1年間、ケースの議論を通じて、一人ひとりの個性やクラス内におけるそれぞれの立場、いわゆるポジショニングのようなものが確立されてきます。これが卒業後も続く同窓会ネットワークの基盤となっていきます。

　一方、筆者が学んだ当時のハーバードでは、2年目は1科目を除いて全てが選択科目でした。必修の1科目ですら、何人かの教授に振り分けられますので、実際のところは全てが選択科目と同じような状況になります。こうなると、学生一人ひとりの関心や、それまでの経験、さらには卒業後の就職先のようなものを考慮して各自が好きな科目を選択しますので、セクションの同級生ともバラバラになります。

　ハーバードに限らず、通常、MBAで最も人気があるコースは、マーケティングやファイナンス、インベストメントではないでしょうか。卒業生の多くが、金融機関やコンサルティング会社に就職する以上、それは当然かもしれません。

　私の2年目は、アグリビジネス経営のコースを中心としたカリキュラムになりました。そもそもハーバードを選んだ理由そのものがアグリビジネスの経営に関する世界的権威であるレイ・ゴールドバーグ教授の下で世界の最先端のアグリビジネス経営を学んでみたいという強い思いがあったからでした。

　ゴールドバーグ教授の授業は学生にも人気が高く、私の学年でも全体の4分の1程度は履修していましたが、この年の日本人で履修した学生は私一人でした。アメリカにおける農業と食料供給システムの重要性、巨大アグリビジネスの経営者としてどのような戦略を持ち、いかなる戦略を立て実行していくか。ゴールドバーグ教授の授業からは数多くの重要なポイントを学びました。

農業系の大学あるいは農学部の講義ではなく、世界トップレベルのビジネス・スクールでアグリビジネス経営のコースが設置されているというところが、アメリカという国の懐の深さではないでしょうか。ゴールドバーグ教授は1997年にリタイアされ、このコースはしばらく開講されませんでしたが、産業界からのリクエストも高く、食料問題やバイオテクノロジーの動向は世界的な関心事項でもあることなどから、2008年からデイビッド・ベル教授により再びアグリビジネス経営のコースが開講されています。

　MBAの2年目、私が履修した多くのコースでは日本人の同級生とは一緒になりませんでした。少ないクラスは20人程度、多いクラスは200人程度とその規模には差がありましたが、アグリビジネス経営以外で最も印象に残っているのは、アメリカ経営史のクラスです。このクラスで学んだことにより、アメリカ人のビジネスに対する基本的な考え方や、彼らがどのような歴史を経て現在に至ってきたのかということを、ビジネスというレンズを通してより深く理解できたような気がします。

　経営史のクラスは、日本でも名高いアルフレッド・チャンドラー名誉教授の弟子、トーマス・テドロウ教授が担当でした。アメリカにおけるビジネスの歴史の一部は日本でも高校の政治・経済や世界史の授業の中で触れられますが、この国の基本的な仕組みや「モノの考え方」のようなものについては、当該分野を専攻したような学生でもない限り、体系的に学ぶ機会は現在でもあまりありません。現代の日本人にとっては、今後のわが国の将来を考える上でも、アメリカという国についてもう少し深く掘り下げて理解していく必要があることは多くの人が理解しているのでしょうが、どうしても表面的な印象に左右されがちです。

　テドロウ教授の授業（これも全てディスカッションです）に備えるために、毎晩のようにアメリカ史の本を読んだ日々、友人達と議論した日々を思い出します。そして、この授業での議論を通じて自分なりに得た結論は、本質を主観的に一言で表すことの重要性とでも言いましょうか、今でも直接筆者に向けられたテドロウ教授の質問を明確に覚えています。

「Seiji、日本における戦後半世紀以上の労働組合と経営者の関係を3単語以内で説明してください。」

　突然の質問でした。当事、100名以上のクラスの中で、筆者に向けられたこの質問に対し、筆者は即答できませんでした。残念なことに、答えが閃いたのは、筆者がうまく答えられず、議論が次の学生の主張に移ってからでした。この一瞬の差が、明暗を分けたことになります。筆者にはその日にはもう発言チャンスがなく、それ以降もこの問いに対して発言するチャンスはありませんでしたが、自分なりの答えだけは明確につかんだと思っています。それは熟考の末に出たものではなく、瞬間的にそれまでの断片的な知識が有機的につながったからこそ、生み出すことのできたものだと思います。さて、皆さんは、どう答えるでしょうか。

　留学時、1歳になったばかりの娘は卒業時には3歳になっていました。現地の子供たちとの交流を通じてほぼ完璧な英語を身につけた娘は、帰国後7年間、完全に英語から離れて再び日本人と日本語の世界に戻りました。ハーバード卒業から丸7年を経て、私と家族が再びアメリカに生活の拠点を移したとき、娘は10歳、息子は4歳になっていました。そこから4年間、アメリカ南部ルイジアナ州において私たち家族の「ディープ・サウス」での生活が始まり、ハリケーン・カトリーナを乗り越えたところで再び日本に戻ってくることとなりました。

　この時期、アメリカが全く初めてであった息子を含め、私たちがそれなりにアメリカでの生活を楽しめたのは、MBAの2年間における生活面での多くの蓄積があったからではないかと思います。中でも最大の果実は、あっという間に陳腐化するような細かいテクニックではなく、環境変化や危機に対する前向きの姿勢、そしていかなる状況であっても自分なりに全体（ビッグ・ピクチャー）を把握し、将来を展望すること、すなわち鳥瞰の大切さを身につけられたことであると思います。

第9章　戦略論と展望

　戦略（Strategy）という言葉の語源は、古代ギリシャにおける最高行政官あるいは軍の最高指揮官だと言われています。一方、19世紀になり、軍事戦略の概念を統一しようと試みたのが有名な「戦争論」を著したカール・フォン・クラウセヴィッツです。彼は、戦術を戦闘における武力の用い方、戦略を目的達成のための戦闘の用い方という形に整理しています。19世紀後半になり、市場というものが企業行動に大きな影響を与えるようになると、市場においていかに有利な立場を取るか、あるいは市場において一定の影響力を行使するためにどのような行動を取ればよいかということが企業の経営者の関心の中心にあがってくるようになりました。そして20世紀の前半にはアメリカの大企業経営者の中には、確実に戦略的思考というものが芽生え始めていたようです。

　企業経営あるいは組織経営における戦略というものが実践的にもそして理論的にも大きな飛躍をとげたのは第一次、第二次という2つの大戦を通じてであったと言われています。この両大戦を通じて、国も企業も、限りある資源をいかに効率的に配分・活用するかということを検討せざるを得ない状況になりました。「経験曲線」なども、1920年代以降の軍用機の生産という現実を通じて最初に発見されたと言われています。

　ハーバード・ビジネス・スクールのパンカジ・ゲマワット教授によれば、企業経営における戦略の研究が本格化したのは1950年代以降だとされています。初期の戦略研究はどちらかというと経済学者により行われていたものが多かったのですが、1950年代には競争環境における企業戦略の重要性といった概念が整理されるとともに、企業は慎重に選択した方向に進むべく目的や目標を定めるべきという考え方が学術的研究の分野でも登場してきます。1960年代になるとそれまでの内部・外部

の分析をより精緻化した形で SWOT 分析が登場してきます。同時に、その後の戦略研究と実務に大きな影響を与えたボストン・コンサルティング・グループやマッキンゼーといった戦略コンサルティング企業が台頭してきます。**経験曲線、成長とシェアのマトリックス、そして9つのブロック・マトリックス**などが登場してきました。

ところが1970年代になると2度の石油ショックと高インフレ、さらには過剰設備の影響でそれまでの経験曲線を中心としたアプローチがうまく機能しなくなってきました。さらに、コンサルタントの提示する戦略は分析的手法に大きく偏っており、経験の蓄積からもたらされる洞察を軽視しているのではないかといったような批判や、パッケージ化された手法に依存しすぎると、予想外の攻撃には弱く、結局は競争に勝てないといった様々な批判が出されるようになりました。

こうした中で登場したのが同じハーバード・ビジネス・スクールのマイケル・ポーター教授による「5つの力」を用いた業界分析です。それまでの需要・供給曲線を用いた分析は、それなりに説得力はあったものの、個々の消費者や供給業者の市場における影響力を無視しており、市場における参加者を全て同質なものとしてとらえているという批判がありました。しかしながら、それではこれに代わる有力なツールとは何かというと、これといったものが出てこなかった状況の中で、ポーター教授のフレームワークは、個々の企業だけでなく業界全体にも活用可能なものとして注目を浴びたわけです。

競争を決定する5つの力とは、**新規参入の脅威、売り手の力、買い手の力、代替品の存在**、そして**業界内の競合関係**です。

さらにポーター教授は、戦略の基本を低コストと差別化の2つとし、この他に特定の業界に特化する形での集中とあわせ、これらを基本戦略（Generic Strategies）と呼んでいます。世界的ベストセラーになったポーター教授の著作は一時期、どこの企業の社長室にも置かれていると言われたほどです。しかしながら、時間の経過とともに、ポーター教授の

フレームワークでも十分に説明できない部分が明らかになってきました。

　最も重要なポイントは、現実の企業同士の関係は競争関係だけではないこと、非市場関係も考慮した上でマーケットを見ていくことの重要性が**ブランデンバーガー**等により指摘されてきたことです。この結果、現在では、企業を取り巻く環境を、**顧客、供給業者、競争相手、そして補完的行為者（Complementor）に囲まれたバリュー・ネット（価値相関図）という形で見る**ようになってきています。

　例えば、企業をひとつのロールケーキのようなものだと考えてみましょう。食べるためにロールケーキを輪切りにしたとします。いろいろな輪が見えます。分析対象としての企業をロールケーキを切るような感じで輪切りにし、その中身を徹底的に分析していく、こういった手法の中で近年注目されているものが**「ゲーム理論」**です。「囚人のジレンマ」という言葉を聞かれたことがあるかもしれません。あるいは「ゼロサム・ゲーム」とか「ノン・ゼロサム・ゲーム」とか……。ひとつひとつを詳しく説明することは省略しますが、現実の企業行動の中には、相手と協力することの方が相手を叩きつぶすよりもお互いにとってメリットが大きくなる場合があるということをご理解いただければ十分かと思います。競争から協調へというわけですね。

　さらに、企業活動に限らず人間の行動の中には合理性に基づかない行動も含まれています。こうした領域を説明するものとして**「行動理論」**というものがあり、前出のゲマワット教授は、行動理論はゲーム理論を補完するものだと言っています。

　さて、ここでもう一度、ロールケーキの例を思い出してみましょう。輪切りにした断片だけでなく、ロールケーキを全体として眺め、観察する視点、これもまた重要です。前者がミクロ的であれば、後者はマクロ的と言えるかもしれません。このマクロ的とは、ビジネスは時間の経過・蓄積とともに形成されるという意味です。そしてロールケーキがどんどん長くなっていくことこそ、企業の成長あるいは進化というものだと考

えています。持続的成長のイメージは限りなく長くなっていくロールケーキのようなものかもしれません。

言い換えればケーキが長くなるほど、付加価値が付いていくと考えることもできます。そうなると、このロールケーキの持続的成長や付加価値を脅かすものは何でしょうか。

戦略論に関する現在の研究では、「4つの脅威」というものが指摘されています。それは、**模倣性**、**代替性**、**ホールドアップ**、そして**スラック**と呼ばれているものです。

模倣性は、言い換えれば成功したビジネスモデルが他にも普及することですが、模倣される方はたまりません。これを防ぐには模倣障壁をいかに構築するかが課題となります。代表的な模倣障壁には規模や幅の経済、契約や依存関係、報復の脅威、アップグレードなどがあります。

代替性は、製品の代替だけでなくビジネスモデルそのものの代替も含むことに注意すべきです。対応としては、攻撃、スイッチング、反応しないこと、どっちつかずの態度を取ることなどがありますが、代替の脅威に対しては確実で効果的な方法は結局のところありません。

ホールドアップとは、いわば「梯子を外される」ような状況に陥ることです。これを防ぐためには交渉力や依存関係、資産関係、信頼関係などを強化することがあげられます。

最後に**スラック**ですが、これは良いときには「無駄の効用」で済むかもしれません。立派な社屋、高い調度品など、行き過ぎると本来得られるべき利益の多くが流出してしまういわば組織内部からの脅威です。これを防ぐためには、情報の収集、行動の監視、規範の形成、ガバナンスの強化といったことなどが対応策となります。

以上のことを含め、いずれにせよ経営者は、どこの山に登るのか、どうやって登るのかと同時に、途中で目標を変えた場合には、それを明確に従業員に知らしめなければなりません。戦略が目的を達成する手法である以上、これは当然のことではないかと思います。

第10章　数字と遊ぶ

　本章では前章までに述べてきた様々な視点やスキルを実際のビジネスにどのように活かすかという点に絞って紹介します。実際問題として、中小企業に限らず多くの企業では技術面を別にすれば経営に関する多くの問題は、微分積分はおろか、四則演算の世界で十分に対応できることが少なくありません。

　現代のビジネス環境の中では、時間をかけて徹底的に詰めた正解を追求するよりは、多少ラフであっても短時間で方向を示し、企業や組織の人や資源をその方向に結集させる方が、結局のところ良い結果を生み出すことは多くの人が経験的に感じているのではないかと思います。

　もちろん、正確な数字が悪いというわけではありませんが、「ざっと100人」というような回答であってもビジネス上の判断としては十分というケースが数多く存在します。ここでは、そのような形で概数をうまく活用していく方法のいくつかを紹介しましょう。

1　大きい数の掛算

　仕事をしていて一番使うのが実はこの計算です。一番の基本は、「10,000円×10,000人＝1億円」といった、自分なりに基本とすべき簡単な計算式をいくつか暗記しておくことではないでしょうか。そうすれば、1人1,000円の売上げで30万人に売った場合には、3億円といった計算がすぐにできるようになります。今の時代、何でも電卓で済ますことができますが、実はこの手の計算が早く正確にできることの重要性はビジネスの現場の経験がある人であれば十分にご理解いただけると思います。

第 10 章　数字と遊ぶ

例えば、1 か月の会費 5,000 円で会員を 8,000 人集めれば、そう、月の売上げは 4,000 万円ですね。こうした感覚を常に持つようにしていただければと思います。

2　市場規模の推定

例えば、このような問題があったとします。日本全体に高校生は何人くらいいるのでしょうか。実は、私も正解は知りません。なぜなら、ここで重要なことは、正しい数字ではなく、「ある程度正しい」数字をできるだけ早く把握することであり、そのためにどのように考えるかということだからです。

この問題には、クイズのようなバリエーションをいくつも考えることができます。日本中に電卓はいくつあるだろうか、あるいは郵便ポストはいくつあるだろうか、自転車は何台あるだろうか……。几帳面な方は、中央官庁が出している正式な統計のようなものを見ていただければよいのですが、例えば、出先の商談中にちょっと気になったりしたときにはそういうわけにもいきません（もっとも最近は携帯電話ですぐに検索できるかもしれませんが）。

繰り返しになりますが、ポイントは、どのように考えるかということであり、「ある程度正しい」数字をいかに早く把握するかということです。

では、最初の問題を例に考えてみましょう。MBA 教育を受けた人間、特にケース・メソッドを中心に正解のない問題にさんざん取り組まされてきた私のような人間は、以下のように考えます。もちろん手元には電卓など何もないものとします。

日本の人口は 1 億 2,700 万人。平均寿命が 80 歳だとしましょう。実際にはそんなことはありませんが、各年齢の人口が一定だと仮定してみます。その方が計算が楽だからです。そして 1 億 2,700 万人を 80 で割ると、158…、これでははっきりしないので、人口そのものを 1 億 2,800

万人にしてしまいましょう。そうすると 160 できれいに割り切れます。単位は万人です。つまり各年代に 160 万人弱の人口という極めてラフな推定ができます。ここまでくればあとは簡単です。現代の日本における高校進学率はほぼ 100％、高校は 3 年間ですのでこれを 3 倍して 480 万人程度……でしょうか。若干の幅をもって 400 ～ 500 万人程度という答えでも良いかもしれません。少なくとも、数十万人とか数千万人という答えよりははるかに正解に近いレベルになります。そうすれば、高校生を対象とした商品の市場規模の推定などもそれなりに見えてきます。小学生、大学生、なども同じですね。

　また、20 代から 30 代の未婚女性をターゲットとした商品を開発するときにも、似たような感覚で大まかな顧客数と市場規模が推定できるかと思います。入社試験や入学試験の面接でこのような問題を出すと、受験している人間の論理的な思考能力の一部を見ることができます。もちろん、正確な数字を知っている場合には暗記の結果として答えが出てきてしまうこともありますので注意が必要です。

　それでは、次のようなケースはどうでしょうか。日本におけるコンタクト・レンズの市場規模をあなたなりの方法で推定してみてください。これも正確な数字は私も知りません。問題はどう考えるかです。

　例えば、先ほどと同じように各年齢に 160 万人の人間がいるとします。コンタクト・レンズを使う年齢層を仮に 16 歳から 55 歳までの 40 年間とした場合、その層に属する人の数は 160 万人× 40 ＝ 6,400 万人ということがわかります。このうち、近眼の人がどのくらいいるでしょうか。仮に 7 割だとすると 4,480 万人。その中で半数が女性、半数が男性とします。女性の多くはメガネとコンタクトの併用、あるいはコンタクトを使う可能性が高いため、ここで女性は 90％、男性は 50％がコンタクトを使うと仮定します。そうすると、女性は約 2,000 万人、男性は約 1,100 万人で合計 3,100 万人程度がコンタクトを使っているのではないかという計算ができます。そして、仮に両目で 2 万円とすれば、6,200

億円という市場規模が推定できます。

　もちろん、最近は使い捨てを含めた様々なコンタクト・レンズが出ていますので、年間コストを仮に3万円程度とした場合には市場規模は9,000億円程度になります。いずれも仮定の上に仮定を置いた試算ですので本当の市場規模とは異なっているとは思いますが、考え方、仮説の立て方が最も重要という点をご理解いただけると思います。

　最終的な答えが正しければ言うことはありませんが、ポイントはどのような仮説を立て、その上でどのような論理のもとに答えを導き出すか、これが答えのない問題に対応する一番基本的かつ重要な姿勢です。

　中小企業の経営をしていると、これでもかというくらい毎日マニュアルなどにない様々な突発性の事件が起こります。ベテラン経営者は、こうした事態に直面した際、瞬間的に多くのことを考えます。そして、自分なりにあらゆる仮説を立てた上で判断を下していることが多いはずです。経営者以外の人が見れば、なぜそのような判断が下されたかわからないことでも、経営者本人の頭の中では一定のチェックリストができ上がっており、論理も完結しているということがよくあります。ここで紹介した大きな数の掛算や市場規模の推定といった方法は、一人ひとりの経営者が体験的に身につけてきた場合もあるでしょうが、若手のマネジャーが直面した事態を客観的に見る場合にも有効な視点ではないかと思います。

　なお、事例では、日本全体を使いましたが、この対象を世界全体に広げたり、世帯ベースで検討したり、様々な応用が可能です。日常生活の中で常にこうした感度でマーケットを見るクセをつけてみて下さい。私は、電車で前の席の高校生が音楽を聴いていたり、ゲームを楽しんでいる姿を見ると、同じようにしてその商品の市場規模を推定しています。後で、実際の市場規模を確認し、大きくはずれていた場合には仮説のどこが間違っていたかを検証すると思いもかけない発見があり、なかなかに楽しいものだと思います。

□コ□ラ□ム□ 「論理思考」：理論と論理、事実と意見

　「理論」と「論理」は、漢字が逆なだけですが、その意味は大きく異なります。「理論」は英語で言えば、セオリー（theory）です。広辞苑には以下の3つが記されています。

① 科学において個々の事実や認識を統一的に説明し、予測することのできる普遍性を持つ体系的知識。
② 実践を無視した純粋な知識。この場合、一方では高尚な知識の意であるが、他方では無益だという意味のこともある。
③ ある問題についての特定の学者の見解・学説。

　通常、我々は「理論」という言葉を用いる時、①の意味を中心に使いますが、時に応じて「机上の空論」のような表現に示されるように②の意味でも使用します。さらに、裁判や重要な問題などでの学者の見解は〇〇理論などと呼ばれることがあります。
　これに対し、「論理」はどうなのでしょうか。「論理」は英語ではロジック（logic）と言います。広辞苑では、こちらは4つが示されています。

① 思考の形式・法則、また、思考の法則的なつながり。
② 実際に行われている推理の仕方、論証のすじみち。
③ 比喩的に、事物間の法則的なつながり。
④ 論理学に同じ。

　最もよく使われる使い方としては①、つまり思考の形式、簡単に言えば、物事の考え方ということになります。
　これらを企業経営者の視点から見た場合、「理論」は個々の事象を統一的に説明可能な体系的な知識であり、「論理」は物事の考え方やその方法（すじみち）、と言えます。世の中の様々な現象の背景を統一的に

説明可能な何らかの知識は「理論」ですが、それに対し、企業経営者として何かを行う場合、「どのように考えるか」、これが「論理」という訳です。

さて、「論理」は日常生活の中での他人とのコミュニケーションにおいても非常に重要です。自分が考えを他人に伝えること、最近は「コミュ力」などと言われますが、コミュニケーションの基本に「論理」があるからです。

職場において、上司が「どうだ？」と聞き、部下が「順調です！」と答えることがありますが、これでは聞く方も答える方も超能力者みたいですね。何十年も一緒にいる夫婦ですら相手が何を考えているかは口に出さないとわからないことがよくあります。まして、職場の人間関係では「このくらいは言わなくてもわかるだろう」ということが後々致命的になることがあります。

◇「具体的に、具体的に、具体的に！」
もちろん言い方というものは考える必要がありますが、現実の世の中ではしつこいくらい繰り返し伝えないと他人には伝わらないと思った方が無難です。そのためにはどうしたら良いか、いくつかのポイントがあります。

まず、必要な情報は「洩れなく、そして無駄な情報を含まず」伝えることです。これはミーシー（MECE：mutually exclusive and collectively exhaustive）と言います。お互い忙しい中での仕事上の伝達である以上、常に「必要にして漏れの無い」情報を伝えることを心がけていきたいですね。

また、「論理の木（ロジック・ツリー）」という考え方を活用して、「課題」➡「原因」➡「対策」の順番で物事を考えることや、因果関係と相関関係をしっかり区別することなどが、自分の考えを相手に正確に伝える道具としては役に立ちます。

大学で指導をしていると、「感想」と「意見」、「事実」と「意見」を

区別しないコメントや文章が目立ちます。個人的な印象、見解や信念と、具体的に検証可能な事実を区別して企画書や提案書を書くことを常に心がけてみて下さい。その上で、可能な限り曖昧な表現をなくすこと、これに注意するだけでも「コミュ力」は大きく向上するはずです。

第11章　シナリオを描く

　前章までで、会計・財務からマーケティングやオペレーションといったビジネスの様々な機能について一気に眺めてきましたが、最終章では、中小企業が直面する具体的な課題と、それに対応する際の判断方法をビジネス・スクールなどでよく使う頭の使い方をもとに見ていきましょう。コツは状況をいくつかのパターンに分け、必要に応じて使い分けるということです。パターンには、いかなる場合でも活用できる普遍的なものと、特定の問題に有効なものがあります。

　まず、普遍的なパターンから見ていきましょう。

1　問題の把握と解決への大まかな道筋のイメージ

　当たり前のことですが、最も重要なことは、問題のポイント、そして顧客や自社の目的を正確に把握することです。可能であれば、顧客が本当に望む具体的な目標は何かをしっかりと確認しておくことです。そして、あくまでも一般的な知識として、自社や業界の状況、競争状態、対象商品の特徴から、経済全体の動向、最新の技術が自社や顧客に与える影響などを頭の中で簡単に整理してみることです。

　その上で、自社が直面する課題について、どう解決するかについて「何となく」で構いませんので、大まかな道筋のようなもの—これは感覚的なレベルで結構です—を何とか作り上げるようにしてみましょう。このときの感覚は意外に当たっていることが多いものです。ここまでは、何度か同じような経験をした人であれば、比較的やりやすいのではないかと思います。例えば、シェアはどうか、利益はどうか、商品の特徴は何か、規模拡大をすべきかどうか、そしてもし規模拡大するとした場合

71

には、どうやって行うのか、独自で行う、他との共同で行う、買収する……といった形で、芋づる式にチェックすべきポイントが出てくるようになれば、しめたものです。そして、ここから先は、より具体的な検討段階に入ります。

2　ビジネスが直面する様々なシナリオ

　ハーバード・ビジネス・スクールではMBA（経営学修士号）を取得するために２年間で約800のケースを学びますが、１年次に学ぶ多くのケースがマーケティングやファイナンスといった機能に特化したものです。そして、２年次になると、こうした個別機能を全て統合したいわば「企業として」あるいは「組織として」どのような決断をすべきかといったことにウエイトが移ってきます。

　よく考えてみればこれは当然のことです。世の中にある何百万もの企業が直面している個別の問題は全て異なっていますが、その多くの問題には一定の共通要素があります。ビジネス・スクールで行う意思決定の訓練はこうした典型的な問題に対し、どうアプローチするかといった訓練であると言ってよいかもしれません。その本質がわからない学生にとっては800のケースは800の異なる問題でしかなく、必死に正解を暗記しても801番目のケースが出てくると途方にくれてしまうことになります。それでは、一定の共通要素とはどのようなものでしょうか。例えば、以下のようなものです。

　第１に、売上げの増加やコストの削減、あるいは利益の増加を達成するためにはどうすべきかという問題を中心に扱ったもの。この流れの中には業績が低下している企業を何とか回復させるといういわゆるターンアラウンドの問題も含まれます。

　第２に、これらとは異なり、業界の分析や新商品開発、新規参入、買収や合併の是非を検討するケース、競争相手の行動についてどのように

72

対応するかといったいわば戦略的な対応を求められるものがあります。自社の商品の価格戦略や今後の自社の方向性などが大きく議論されるケースもこうした部類に含まれるでしょう。最近では、起業という領域も大きな注目を集めています。これも広い意味で第2分類に入るケースと考えられます。

800のケースといってもこうしてくくってみると、大きくは2つ、その中の多くは共通要素を持っていますので、実質的にマスターすべき「モノの考え方」はそれほど多くはありません。そこで、以下では、第1分類から売上げの増加が求められている場合の考え方、そして第2分類からは、新規参入の場合を例にして、簡単に説明していきましょう。

3 売上げの増加が求められているケース

典型的なケースは以下のようなものです。ある耐久消費財を作っているA社は、売上高を大きく伸ばして業界の中での地位を確実なものにしたいと考えているとします。具体的にどのようにすればこれを達成することが可能でしょうか？ 皆さんならどう考えるでしょうか。安売り？ それとも大幅な販促キャンペーン？ いろいろとアイデアが出るかもしれませんが、この場合、MBA的な思考方法に慣れた人であれば、まず、問題をいくつかのパーツに分けて考えます。

第1に全体の環境分析、そして第2に具体策というのが最も一般的かもしれません。第1の環境分析を行う前に、まず、目的を確認します。今回の目的は売上高の増加です。この場合、売上高の増加と利益の増加は必ずしも一致するかどうかはわかりません。とりあえず、損を出さないという程度で考えていきましょう。その上で、業界全体の中に占める自社の立場、つまりシェアや成長率について、現在のもの、そして過去からの推移を確認します。

次に、競合他社と自社商品を比べ、その特徴や価格の比較を行います。

この際、販売を行う最前線で、顧客がどのような反応を示しているかをしっかりと把握しておくことも忘れてはなりません。

最後に、当該商品に対して自社および競合他社がどのような販促活動や宣伝などを行っているか、これをしっかりと調べておく必要があります。これまでに述べてきたフレームワークの例で言えば、3C分析のようなものを簡単に行ったということになります。

ここまでがいわば環境分析の部分です。これを踏まえた上で、具体的な対応策のオプションを検討する必要があります。

売上高を増やすにはどのような方法があるでしょうか。例えば、すぐに思いつくものとして、商品の値上げを行うという案もあるかもしれません。あるいは逆に値下げを行って販売量そのものを増やすということも可能性があります。この場合、結果として販売量が増えなければ売上高は増加しませんので、この第2の案は、販売量を増やすと言い換えた方が良いかもしれません。

そうすると、販売量を増やすためには、他にどのような方法があるか。例えば、流通チャネルを拡大するとか、販促キャンペーンを実施するといった他の案が出やすくなります。売上高を増やすための多少異なった視点として、顧客数に注目することも可能です。つまり、顧客1人当たりの売上高を増やすことができれば、それも全体としての売上高増加につながります。

また、商品というものは年間を通して同じ数量が出ている場合と、季節的に販売数量が大きく変動している場合があります。A社の商品の場合はどうなのでしょうか。例えば、月ごと、四半期ごとに大きな差が出ているかもしれません。そうなると、単に売上高を増やすといっても、いつ、どこに最も資源を投入すべきかが異なってきます。

以上をまとめてみると、A社にとって売上高を増やす方法というのは大きく分けて4つ、つまり値上げを行う、販売量を増やす、顧客1人当たりの売上高を増やす、そして季節ごとに売上高の内容を精査して最

第 11 章　シナリオを描く

大化を図る……といった方法があることがわかります。

　ここまでくれば、先の環境分析をもう一度見直した上で、ここに記した 4 つの方法のうちどの方法を取るべきか、あるいはどれとどれをどのように組み合わせて行うべきかといった提案書あるいは企画書のようなものが書けることになります。

　どうでしょうか。これは A 社が耐久消費財メーカーであっても食品メーカーであっても細部はともかく骨子としては変わらないはずです。こうした「モノの考え方」、「仮説の立て方」、慣れていただけたでしょうか。

4　新商品開発に関するケース

　次に新商品開発に関するケースを考えてみましょう。

　A 社の技術陣は、極めて画期的な新商品を開発しました。何とかうまく市場にこの商品を出そうとしていますが、どうすれば良いのかがわかりません。あなたなら、どのようなアドバイスを与えますか？

　これもよくあるパターンです。折角の良い商品もマーケットにうまく流すことができなければ利益は実現しません。販売代理店やコンサルタントを雇うのは安易ですが、やはり自社で開発した商品ですので、何とか自分達主導で進めたいものです。MBA の訓練を受けた人間の場合、どのように対応するか、前の事例と同じように考えてみましょう。

　まず、開発した新商品に関する客観的な分析を行います。新商品の特徴は何で、どのようなメリットとデメリットがあるか。そして市場での競争ということを考えたときに代替品が存在しているかどうか。さらに、特定の技術を駆使したものであった場合、特許を取得しているかどうか。そして、これが最も重要なポイントですが、その新商品が自社のそれまでの商品やイメージと整合性があるかどうかを考えます。これは、量産化する場合にはとくに重要なポイントとなりますので注意が必要です。

75

整合性には、商品ラインそのものと企業イメージの両方からの検討が必要です。

　次に、ターゲットとする顧客を確認しなければなりません。誰に売るかということです。この新商品の潜在的な顧客はどのような層であり、どのような形で商品を提供するのが最も喜ばれるか、デリバリーの方法は、直接販売か、代理店を通したものか、あるいはインターネット等を活用したものかといったことを検討する必要があります。さらに、この商品自体、1回限りのものなのか、リピーターを獲得できるものなのか、もしリピーターを獲得する必要があるならば、それはどのような方法で行うべきかといった点まで考えておく必要があるでしょう。売りっぱなしというわけにはいきません。

　顧客分析と同様に重要なものが、具体的にこの新商品をどのように売るかという販売戦略です。既に代替品があるのかどうかという検討を行っていますので、予想するマーケットに対する参入障壁もある程度はわかるかと思います。仮に代替品がある場合には、主な競争相手はどのような企業で、各社がどの程度のシェアを持っているのか、業界の特徴は何かということとともに、自社が参入した場合に予想される相手の反応も検討しておく必要があります。

　一方、A社自身の問題としては、この新商品が自社の他の商品と共食い状態（カンニバリゼーション）を起こさないかどうか、既存の商品との入れ替えを行うのか、それとも同時発売をするのか、入れ替えを行うとすれば、いつ、どのようなタイミングで行うのかを検討しておかなければなりません。以上が、商品、顧客、販売戦略といった面からの対応ですが、忘れがちなものとして資金の問題があります。

　新商品を販売するには一定の資金が必要ですが、その資金はどうやって手当するのでしょう。自己資金でまかなうのか、銀行借入れを行うのか、あるいは株式発行などで対応するのか、実はこの部分を同時にしっかりと詰めておかないと、折角の技術陣の努力も水泡に帰してしまいま

第11章 シナリオを描く

す。新商品は、開発そのものと市場への投入方法だけでなく、それを支える資金があってこそ、ビジネスとして花開いていくものであるということを忘れてはなりません。

そして一旦資金を調達した後は、その資金をどう活用するかも大きな問題です。引き続き研究開発に投入するのか、あるいは広告・宣伝に活用するのか、これらも最初に決めておかないと走り出してからでは大変なことになります。さらに、「転ばぬ先の杖」、借入金は、経済環境が変わり金利が上昇する場合や、景気が後退したときに返済が可能なレベルにしておくことも重要です。こうしたことを踏まえて、提案書や企画書を作成していけば良いのではないかと思います。

さて、この章の最後に企画書や提案書を書くときに必要な若干の注意を記しておきましょう。実は、大学でこれらの課題を与えると、多くの学生に共通の傾向が見られます。例えば、ある提案について、賛成か反対かを聞くと、深く考える学生ほど、こうした良いこともあるが、悪いこともある…といった形で、最終的な判断がどうなのか、わからない答えを出してきます。

もちろん、世の中は白か黒かを明確に決定できないような事柄で溢れています。それでも、経営者はどちらかに決めなければいけないケースに頻繁に直面します。実際には、とりあえず方向を決めてから詳細は走りながら考えていることも多いのではないかと思います。

あらゆる提案や企画について、まず自分自身でYesかNoかの立場を明確に示すこと、そして、どちらかに決めたら、その主張を裏付ける論理をいくつか組み立てること、その上で反対の立場や次善の策を考えてみる、こうした視点で企画や提案を一度見直してみてはいかがでしょうか。あいまいな部分、不足している部分が必ず見えてくると思います。

成功する戦略の共通要素
―「おわりに」にかえて―

◇「立ち止まらないこと」、そして「続けること」

　この極めて簡単なことがいかに難しいか、多くの経営者は身にしみているのではないかと思います。世の中ではいかに起業するかといった内容や、既に存在している企業をどのようにして大きくするかといった内容を記した書籍やセミナーは氾濫していますが、単純に**企業を存続させるために何をするか**といった極めて当たり前のことを記したものは意外と多くありません。

　商業的な出版の目的を考えればその理由は明らかです。いつの時代でも、何か目新しいものやユニークなものでなければ世間の注目を集めることはできません。毎日毎日決まったことを飽きずに続けるということは、読者にとっては何の面白みもない説教のようなものです。このようなことを説いているだけではとても商売にはなりません。

　さて、「立ち止まらないこと」について、一番わかりやすい登山を例に考えてみましょう。どうしたらより高いところに到達できるか、どうしたら頂上を極められるか。そうです。何があっても止まらずに、歩き続けること。王道などありません。これこそが唯一頂上を極める方法です。苦しくなったり、疲れたとき、そこで歩くのを止めてしまえば、それ以上前へは進めません。状況によっては一時的に休憩することも必要でしょうが、最終的にはどんなに大変でも歩き続けることこそが自らを前に進める唯一の方法です。

　企業経営も本質は同じです。

◇**大きくするより、継続すること**

　何もないところから企業を立ち上げ、軌道に乗せることは大変なことですが、実は最も大変な仕事は、軌道に乗せた企業を継続させることに他なりません。これは自ら起業した場合だけでなく、例えば代々続いた

老舗を引き継いだ場合なども全く同じです。さらに、一定の年限が経過した後で、撤退や事業承継を考えるときにも「立ち止まらないこと」は、経営者を最も悩ますポイントになります。止めるべきか続けるべきか、この判断で悩む経営者は非常に多いのが現実ではないでしょうか。

　父が84歳、母が80歳になる筆者の両親は、かつて東京都下のある町で文房具店を経営していました。典型的な町の中小企業です。約40年間の経営の後、父は73歳で自主廃業しました。こう書くと、極めて簡単なことのようですが、そこに至る道のりは決して簡単なものではありません。多少年配の方なら誰でも思い出すことができるように、かつては日本中、どこに行っても小中学校からそれほど離れていないところに複数の文房具店がありました。その数は、最盛期には全国で4万軒弱という話を聞いたことがあります。それが、現在では、おそらく数千軒に減少しているのではないでしょうか。少子高齢化もその原因のひとつでしょうが、筆者は、問題はもっと深いところにあると考えています。

　物心ついたときから文房具店の店先や同じ商店街の他の店先を遊び場にして育った筆者にとって、店先に並べられた様々な商品は心ときめくものばかりでした。わが家の店頭に毎週のように届く新しい消しゴムや筆箱、ノートなど、欲しくて欲しくてたまらなかったことを昨日のことのように覚えています。

　その一方、食事をしていようが、トイレに入っていようが、風邪をひいて頭が痛かろうが、わずか10円の切手を1枚でも買いに来る人はお客様、どのようなときでも丁寧に対応することを両親から厳しく言われて育った記憶があります。

　お客様が何十人と来ても、一人ひとりが10円や20円の商品しか買ってくれなければ、全体としての売上げはたいしたものにはなりません。文房具店が文房具だけを店先で販売して得られる利益など、たかが知れています。漠然とそう気がついたのは、小学校の高学年の頃だったでしょうか。約40年の間、両親がいかにして時代に適応した形で、文房具店ののれんの下に、収益の柱を組み替えていったか、それが本当にわかったのは何年も後のことです。学校から帰ると、常に店にいた母に対し、

昼間は多くの場合、外を回っていた父が何をしていたのか、その結果として、時代ごとにわが家にどのような新しい取引が入ってきたか、こうした断片的な記憶はかなり後になって、自然にひとつの流れとしてつながっていった気がします。

　ずっと後になって、ハーバードでキャッシュ・フロー管理やそれなりに高度と考えられているファイナンスの理論などを学んだ際、これは両親が昔から毎日実践していたことと同じじゃないかと、あっけにとられた記憶があります。サラリーマンの子弟にとっては初めてのことであり、学校で習うことであっても、商工業者を両親に持ち、その場で育っていれば「感覚的に」身につけている多くの「生きた知識」があることに気がついたこと、実を言えば、これがハーバードで学んだ一番大きな成果であったかもしれません。

◇立ち止まらないこと

　さて、「立ち止まらないこと」。実に簡単な表現ですが、これこそが戦略の要諦でもあります。簡潔にして的を射ていますが、多くの人にとっては実行が極めて困難でもあります。戦略論の世界では、競争優位という言葉がよく用いられますが、どのような競争優位を築いても、遅かれ早かれ、必ずその優位性は崩壊します。経営者ができること、つまりマネジメントとは、築き上げた優位性の崩壊を遅らせることだけだとしたら、やや寂しいかもしれませんが、それでもマネジメントとは何をすることかという一面を理解していただけるかもしれません。

　絶えず変化するビジネス環境の中で、一人ひとりの経営者は、何とか自分が作り出したビジネス・モデルを長く維持させようともがきます。人間の本性として、一旦何かの仕組みを作り上げると少し安心してしまうということがありますが、どんなものであれ、仕組みというものは作り上げた瞬間に陳腐化してしまうものです。認めたくないかもしれませんが、これが現実です。見ているそばからガラガラと崩れていくようなものの中で、必死にそれを食い止めていることこそがマネジメントの一面の真実なのかもしれません。

長く続く企業とは、こうした本質を理解したときに、諸行無常といったあきらめの境地に至るのではなく、それでは、こうしたらどうか、この方法ではどうか、といった形で、決してあきらめずに、常に次から次へと状況の変化に応じた対応が打てる企業なのではないでしょうか。

　約40年間続いた実家の文房具店は、最後の数年間、ほとんどの収入が店舗外からの収入と、自動販売機等の売上げではなかったかと思います。両親が店を閉めることを決めた最大の理由は、まず、自分たちの年齢・体力。次に、今後を考え、この業態のビジネスがかつてほど魅力的ではないということを認識したこと、そして、筆者が店を継がないことが完全に明らかになったとき、のようです。

◇**最後は自分で決める**

　店を閉めるとの最後の決断を、父は母と2人で行い、筆者には店を閉めた後になって連絡してきました。いろいろな思いがあったのではないかと思います。母は、筆者がかなり小さいときから、この店はお前を大きくするための店だということを繰り返し話していましたが、父からはそうした言葉を聞いたことはありませんでした。いろいろなことがありましたが、最終的に父と母が2人で話し合って決めたこと、これが最も重要ではないかと思います。半世紀近く、2人で築き上げてきたものに終止符を打つということは、やはりそれなりにつらいものがあります。先日も帰省した際、母が、古い家を取り壊すために、解体工事の方がそれまで両親や筆者が慣れ親しんでいた居間に入ってきて一気に作業を始めたときの複雑な気持ちについて話してくれました。あくまでも情緒的なものではありますが、やはり胸を打つものがあります。

　物心ついてから30年近くの間、両親の経営を身近で見て感じたことは、様々な形で身についていると思います。それこそが、私が両親から受け継いだ一番大事な「感性」なのではないかと思っています。

　店を閉めて約10年、幸い両親は新しい生活をそれなりに楽しんでいるようです。今でも両親のかつての同業者達の多くの店舗には、以前と同じ看板がかかっていますが、その大半はシャッターが閉まったままで

す。辞めたくても辞められないままに夫婦共70代後半に至ってしまったというような話も聞くことがあります。筆者が小さい頃から育ったかつての店舗には、その後、別の商店が何年間か入っていましたが、今ではその店舗も去り、こちらもシャッターが下りたままです。帰省のたびにバスの中から見るかつての両親の店舗の面影は、今では店の前に残った赤いポストだけとなりました。

　2009年の初めまでは、商店街にアーケードが残っており、そこには天井から各店舗の看板がぶら下がっていました。両親の店ははるか昔になくなったのですが、アーケードには相変わらず、かつての店の看板が残っており、年に数回帰省するたびに、バスの中からその看板を何気なく見ていました。今年の初め、火災予防の観点から、何十年にもわたって商店街を雨から守ってきたアーケードが取り除かれ、明るくはなったのですが、ところどころ虫食い状態の商店街はかつての活気がうそのように寂れてしまっています。

　こうした状況から学べる教訓は何でしょうか。冷たいようですが、いくつか厳然たる事実があるのではないかと思います。

　最も重要なことは、まだ大丈夫というときに余裕を持って身を引くこと、そして次のステージへの準備を着実に始めておくこと、これは本当に難しいことだと思います。これこそが、いかなる事業であれ、現在中核となっている事業をさらに発展させる場合や新規投資を行う場合、そして、事業からのスムースな撤退や次世代への承継を考える場合に最も重視すべきポイントではないかと思います。

◇**最低でも10年先を見据えて考える**
　「戦略は10年単位で考えること」、これもハーバードで学んだ重要なポイントのひとつですが、多くの経営者は、10年はおろか1年先のことも考えていない、あるいは考える余裕がないことが多いのではないかと思います。現在の自分の年齢に10年を加え、自分と自分を取り巻く状況が10年先にはどうなっているか、これを可能な限り想像した上で、今後の方策を考えていくことが必要になるでしょう。

今、40歳の人であれば、そのビジネスを50歳でも同じスタイル、同じ環境で継続していけるかどうか、50歳であれば60歳になったときでも同じようにできるかどうか、こうした視点から、今の仕事を見直してみることが必要になります。そしてすぐに準備を始めること、それでもおそらく、多くの場合はギリギリかもしれません。

　サラリーマンには定年というものがありますが、自営業者にはありません。それだからこそ、自分はいつ次のステージに移るかということを、パートナーと共にしっかり認識し、実行しなければなりません。筆者が多くの時間を使ってきた「相場」の世界には有名な格言があります。

「まだはもうなり。もうはまだなり」

　まだできると思ったとき、実は「もう」そろそろ良いタイミングなのではないか、というものです。相場ではこの逆もありますが、最近では、人生の節目節目の判断においては、往々にして早過ぎるくらい、惜しまれるくらいの決断が良いのではと感じることが多くなってきたことも事実です。

　ときおり出張等で初めて行った土地で、昔ながらの文房具店を目にすると、とてもなつかしい匂いが心の底から湧き上がってくるのと同時に、その店の10年後はどうなっているのだろうかと、つい考えてしまうことがあります。

　今を精一杯生きること、そして同時に少なくとも10年先をも考えること、一流の経営者は、こうした相反することを同時に考え、そして同時に毎日の仕事をこなしていかなければなりません。

　最後に、筆者が好きな言葉を記しておきます。

　The test of first-rate intelligence is the ability to hold two opposed ideas in the mind at the same time and still retain the ability to function. これは、「第一級の知性とは、頭の中に同時に相反するふたつの考えを持ちながら、しかもそれを機能させる能力をもつことである」という作家スコット・フィッツジェラルドの言葉ですが、経営者の心境も十分に語っているのではないでしょうか。

著者紹介

三石　誠司（みついし　せいじ）

1960年　生まれ。

1984年　東京外国語大学卒業、全国農業協同組合連合会入会

1994年　ハーバード大学経営大学院修了（経営学修士）

1996年　筑波大学大学院修士課程経営・政策科学研究科企業法学専攻修了
　　　　修士（法学）

2002年　筑波大学大学院博士課程経営・政策科学研究科企業科学専攻（企業
　　　　法コース）単位取得退学

2006年　米国全農組貿株式会社筆頭副社長を経て全国農業協同組合連合会退
　　　　職　同年、宮城大学食産業学部フードビジネス学科教授

2017年　宮城大学大学院食産業学研究科副研究科長、附属農場長

2018年　同、国際交流・留学生センター長

この間、農林水産省食料・農業・農村政策審議会委員、財務省関税・外国為
替等審議会委員など。

新版　中小企業と経営

平成30年9月25日　初版発行©

著　者　三　石　誠　司

発行者　宮　本　弘　明

発行所　株式会社　財経詳報社

〒103-0013　東京都中央区日本橋人形町1-7-10
電話　03(3661)5266(代)
FAX　03(3661)5268
http://www.zaik.jp
振替口座　00170-8-26500
Printed in Japan 2018

落丁、乱丁はお取り替えいたします。印刷・製本　図書印刷株式会社
ISBN978-4-88177-450-2